U0451051

张祥龙文集
第 16 卷

精神的婚恋

〔比〕J.V.吕斯布鲁克 著
张祥龙 译

商务印书馆
创于1897　The Commercial Press

John Ruusbroec

THE SPIRITUAL ESPOUSALS

本书根据吕斯布鲁克全集(Opera Omnia 3：
Die geestelike brulocht, Tielt：Lannoo, 1988)第三卷译出

总　　序

这套《文集》有十六卷，绝大多数是我 1992 年留学回国后的著述，只有一篇阐释塔斯基真理定义（收于第 3 卷）的文章，上世纪八十年代就已发表。但是，如通常的情况那样，这些著作的源头要遥远得多，属于我们曾生活过的那个跌宕起伏的时代；被表达的思想本身也经历着某种变迁，这已经被某些评论者注意到；而这思想在未来的命运，则无法预测了。

诸卷的具体特点，很难被归总，但就其思想风格而言，可以有一个极简易的形容，即"思在边缘"。"边缘"意味着它有临空涉险的一面，逼得所思摆脱现成，甚至蹈虚而行；但也有坚实的一面，言之有据，从事实到逻辑，皆不敢杜撰。而且，边缘也指哲学的特性，不像常规科学那样有范式可依，有实验可证，又不像文学那样可随发奇想，动人于无理之中。哲学要讲理，但要讲到终极处，也就是边际处，那里的道理就会放光。贺麟先生曾几次对我说：真理不只是正确，而是能够感动人的光明[①]，为艰难乃至黑暗人生带来根本的希望。斯宾诺莎的生活和哲理，皆含此真理。我的哲学起点，就在

[①] 贺先生在这方面的想法，可参考他《我对哲学的态度》一文。见其《哲学与哲学史论文集》，商务印书馆 1990 年版，第 586 页。

这黑暗与光明的交接处。① 说到"思",它对我而言不限于概念化的思维,尽管也一定要厘清它们,但关键处却要破开茧壳而成为可飞翔者,也就是可应机直觉者,可意会者,可凭"纯象"② 或时势而行者。

很粗略地讲,《文集》大致涵盖这么几个向度。(1)深度解读现象学。"深度"既指进入其文本深层、有自家领会特点(重原时间的晕流性及其被动发生性,重思想方式如海德格尔的"形式显示",等等),也指具有东方的,首先是中国哲理的相涉意趣。现象学的重心于我似乎是海德格尔思想,这在上世纪九十年代及其后的一段时间中确是如此,但实际上(詹姆士引导的)胡塞尔,特别是他的发生现象学才是真正的源头。这许多年来,舍勒、列维纳斯等也越来越被我看重。(2)对西方和中国、印度哲理的诠释和比较。这"比较"并非是现成式的,就像拉两个人来比较其身高、性格、思想等,更不是以一方为标准来比量另一方,而是意在"发生",也就是在应机的对比中产生出在任何一边都没有的新东西,如同升音与降音、元音与辅音……的对立结合中产生语词及其意义。所以,对比可以是有形的,如我的不少著作所做的,但也可以是细微的甚至无形的,间接地表现于对东西思路的叙述和翻译的特别方式中。(3)阐发儒家

---

① 参见本《文集》15卷《摸索仁道——随笔集》第二部分。
② "纯象"(reines Bild)由康德的《纯粹理性批判》提出。它由人的纯粹先天的想象力(的生产性的综合)所构成,又称为"图几"(Schema,图型)。纯粹先天的想象力是人最为原发的心灵能力(《纯粹理性批判》A118、A124),而纯象指一种前概念的、使得知性概念与感性直观的结合可能的纯综合,是"人类心灵深处隐藏着的一种技艺"(《纯粹理性批判》A141),首先指先验的原时间(《纯粹理性批判》A138,A142)。它暗示着一条非概念、非对象化的致思道路,为胡塞尔和海德格尔所重视。具体的解释可于此《文集》第1、2卷中讨论海德格尔的《康德书》的地方见到。它与王树人先生阐发的"象思维"也有呼应。

哲理及相关传统。它依据原始文本乃至历代注疏，但有独特的理解（如揭示"时"是理解儒家及先秦的关键，孔子音乐出神境界及其思想后果，董仲舒"拒秦兴汉"学说与语言的特别之处，般若中观与如来藏心学的结合效应，宋明理学和心学的源头、境界与缺憾，罗近溪赤子之心说的卓越，等等）。这理解既与现象学及另一些当代西哲流派的提示相关，又受到过其他思想乃至科学如量子力学、人类学、博弈论的激发，更有一些是说不清来源，就在人生经历的熬炼和与文本对话中产生的。说到底，我对儒家、道家、佛家哲理的领会和体认，许多是超语言的，在家庭、遭遇、技艺和自然中蓦然来临。

（4）自家思想的表达。与以上三者有内在关联，但更为重要的，如刚刚所言，是独自的涌现。每有心领神会处，都是人生的喜悦。要害在于，找到非对象、非概念（这于许多从事哲学的心智来说就等于不可捉摸的混沌）却更可直观领会和结构化表达的思与言的方式。斯宾诺莎哲学既是概念内涵化的，又是形式（含"象"）直观化的。从最初理解的斯宾诺莎那里，我攀行过两条路：先到康德、黑格尔，在克尔凯郭尔、叔本华那里转向，经詹姆士、柏格森引导，到达现象学，特别是其时间观和源构成观；另一条是从斯氏之"神与自然合一"之论（经维特根斯坦前期的"图象-逻辑形式"和"不可说者"）到庄子和老子，体会自然生态化的天道，再到儒家的核心——家与孝。它们的交汇点是阴阳道论。

阴阳首先不是平衡论，更不是两点论，而是原发生论；为了能生而又生，必须有"互补对生"结构。现象学时间的发生源即时晕，由滞留与前摄这互补对生的阴阳所构成（海德格尔思想转向时，曾借重老庄的阴阳说);而道家的"万物负阴而抱阳",要到儒家讲的"亲亲而仁"的代际时间晕流中,才获得了人际的原发道性,也才真正进入了《易》象所示"几微"之"时中"。此阴阳化的时间晕流乃意义、意识、存在的根源,是不离人生的活太极、真太极,由此而思,才能看到至情(亲情、爱情、友情)中如何有至理,情势、冲气、权能域、潜意识如何经由"纯象"或"时势"而再应机地"坍缩"为各种"对象",比如场、势、习俗、道德、利益、关系网、系统、个体、自我意识、分子、原子,当追究到微粒子或原能波的地步时,对象性又开始消隐,"二象""叠加"与"纠缠"无可避免。只有能看到意识源头就是时晕之阴阳发生流,既不能被全归为脑神经网络,也不能被形而上学化为笛卡尔式的"我思",才能领会到人为什么可以"官知止而神欲行"①,也就是在一切感性、知性的官能之前或之后,还有"阴阳不测之谓神"的"入神"可能,即神秘体验的可能。正是这种体验,往往成为历史的发端,无论是通过宗教家、诗人、艺术家、手艺家,还是通过科学家和思想家。"神就是(阴阳大化之能动)自然",绝非虚言。

如果这个思想的确站在了"边缘"上,那么它不会不以自己的方式眺望和关心未来,既有中国哲学、中华文明的未来,也有儒家的未来和人类的未来。我在北大哲学系毕业后,一心想搞自然保护,除了受庄子影响外,也确有追求思想内在的生命和朝向未来的隐义。老庄,于我不止于隐士的境界,而隐晦的海德格尔,则启动了我对技术化未来的深思。留学第一门课的教材中有《瓦尔登湖》,

---

① 《庄子·养生主》。

让我从此倾心于梭罗这位自然的情圣。而自身的"亲亲"(家人之间的相互亲爱)经历,为我打开了儒家之门。对于我,哲学从来都活在人生本身的内在缝隙乃至断层之中,如茫茫黑夜中一支摇曳的火把和宁静深处的背景音乐,又如危难时的一线生机和想象另类将来的出奇能力。如果你在此《文集》中找到了这样的思想,无论是古老儒家的新生命,东方与西方乃至人与自然交融共生的可能,还是助人破开各种形式的"热寂"或"黑暗森林"的契机,那就正是这套书所要追求的。因为,我们的儿女、孙儿女乃至父母和祖先,都可能通过它们而与我们相遇和重逢。

由于《文集》中少量卷册当年形成时的情势所迫,以致与其他卷册的内容有部分重合。这次勉力删除重复的部分,个别卷做了重新组合①,但考虑到读者可能仅选读某单册,而缺失那些内容则意思不完整,所以依然有未尽处,如第 2 卷与第 1 卷内容的部分重合。尽管最早出版这两卷时就做过有关的声明并表达歉意,这里还是要向读者再次致歉!

感谢商务印书馆诸位编辑认真负责的合力工作!特别是陈小文总编和卢明静编辑,前者策划而后者具体实施,使此《文集》得以面世。

张祥龙

辛丑(2021 年)兰月谨撰

---

① 第 12 卷(《儒家现象学研究——儒家再临的蕴意与道路》)在删除了与其他卷的重复部分后,加入《〈尚书·尧典〉解说:以时、孝为源的正义》(生活·读书·新知三联书店 2015 年版)一书的主体部分。

译 者 导 言

约翰·凡·吕斯布鲁克（Jan van Ruusbroec，1293—1381）是基督教神秘体验论①传统中最重要的代表之一，他的主要著作就是《精神的婚恋》，早已经被移译为多种文字，而眼下这本书是它的首个中文译本。

由于读书界对于基督教神秘体验论及神秘现象的思想意义可能还不很了解，所以下面就从简述这些背景出发，进而介绍形成吕斯布鲁克思想气质的时代因素，乃至他这本书的基本内容、结构、特色。还要提及这种基督教的神秘体验论与中国古代儒家、道家中的神秘体验维度的关系，以及我翻译此书的某种特别的考虑。

---

① 所谓"神秘体验论"，是对"mysticism"的翻译。这个词一般被译作"神秘主义"，但用到基督教乃至其他宗教的 mysticism 时，不很合适。理由已经阐述于敝文"吕斯布鲁克及其《精神的婚恋》中的'迎接'的含义"（见本书附录）的注释中。但是，"神秘主义"的译法由来已久，无法回避，所以以下这两个译法都会使用，以便让读者既能知晓"神秘体验论"与"神秘主义"的关系，又不会只通过神秘"主义"的方式来理解"mysticism"。至于"mystic[al]"等相关词，则译为"神秘体验（论）者""神秘体验（论）的"或"神秘的"。港台的某些译者将"mysticism"译作"密契论"，捕捉到这词的一个核心意思。但一来这种译法与大陆习惯相差过远，二来也部分失去了这个词的词面上本有的"神-秘"意义，所以没有采用。中西语言、文化和时代及地区语境造成的差异和错位，让我们对于某些词无法一一对译，而只能采取有所依据的迂回策略，因而势必容纳多样的译法，这恐怕是翻译人文著作的常识了。

最后,要对这个翻译的特点做些必要的交待。

一、神秘体验论(神秘主义)和基督教

什么是神秘体验论或神秘主义(mysticism)呢？最简单的回答是:它是对于那些不可把捉而又很吸引人的经验的直接体验和思考。什么是"不可把捉"呢？就是:这种经验不可被我们的感官和知性当作某种明确的对象来把握。比如你生动地体验到一段音乐的动人,但又无法用现成的感性和理智的手段来说清它。至于"很吸引人",是说这种经验能唤起当事人的强烈的好奇、情绪或内在价值感,好像触到了某个意义的源泉,让人的感受为之一新。而将这种体验以哪怕是很不充分的方式表达出来,与他人分享,并思考它们的含义,就是神秘体验论的另一层含义了。

威廉·詹姆士在他的名著《宗教经验之种种——人性之研究》(1902年)中,对于神秘体验论或神秘主义做了重要的开创性研究。① 他认为这种体验有四个标记,即不可直接言说、明察、暂现和被动。不可言性和暂现(不可长久持续)性比较好理解。而明察性(noetic quality)是说:尽管这种经验是神秘而富有感情的,但它又像是一种内在的知识,让人由此而从理性上坚信某种平常看不见的权威性存在。说到被动性,是指此经验往往要在当事人的主动追求穷尽时才来临。当事人可以为它的来临做准备,但它来不

---

① William James: *The Varieties of Religious Experiences*, New York: Longmans, Green and Company, 1907. 中文里先有唐钺的译本,后有尚新建译本。该书第16、17讲专门讨论神秘主义。

来,不仅完全不取决于当事人的意愿,而且正是在这意愿被放弃的空档处,才有可能引发之,所以可以大致类比为王国维讲的做大事业三境界的最后一个。①

如果这么看待神秘体验及其思想,那么自有人类以来,就有它了。世界各大文明的宗教、文学、艺术,乃至哲学和科学的开创性经验中,也往往少不了它。而基督教,因其经文和实践中本来就有明显的"不可把捉"的维度,所以总有神秘体验论的重要地位。但是,基督教的神秘体验有一个特别突出的特点,即强调爱,所以它是一种爱的神秘体验论。按照研究者们的看法,不仅《旧约》、《新约》(比如《约翰福音》)中有丰沛的神秘体验论的土壤,而且这神秘体验论还从柏拉图、菲洛、普洛提诺等希腊传统中汲取了养分。而在基督教内部,奥立金、尼萨的格里高利、奥古斯丁、亚略巴古提的狄奥尼修斯等为中世纪晚期的神秘体验论潮流准备了学说上的资源。②

二、《精神的婚恋》出现的时代背景

吕斯布鲁克生活在十四世纪,他沐浴于其中的爱的神秘体验氛围与之前两个世纪的一些进展很有关系。这主要是指十二世纪

---

① 王国维在《人间词话》中引辛弃疾词《青玉案·元夕》来形容它:"众里寻他千百度,蓦然回首,那人却在,灯火阑珊处。"

② Andrew Louth: *The Origins of the Christian Mystical Tradition*, Oxford: Clarendon Press, 1937. 中文本:《神学的灵泉:基督教神秘主义传统的起源》,[英]安德鲁·洛思著,孙毅、游冠辉译,中国致公出版社 2001 年版。

基督教世界中出现的对于《旧约·雅歌》的新读法,以及十二和十三世纪里一种"爱的文化"的流行。①

《雅歌》在《新旧约全书》中占有一个独特地位。从表面上看,它是纯粹的情歌:一位少女(新娘)和她的情人(新郎)互相倾诉强烈的爱恋情感和体验,质朴、性感而又纯真动人,是"歌中之歌",其中完全没有提到神人关系。②犹太教的拉比们认为此歌是神与以色列人相爱的比喻,而基督教则倾向于将它看作是神(上帝)爱其信徒和教会的寓言。而到了十二世纪,明谷的贝尔纳和圣梯尔里的威廉则主张,它"意味着上帝与独特的个体相互之间的热爱"。③其实,在这之前很久的奥立金和尼萨的格里高利那里,已经出现了这么读解的倾向和努力,④但毕竟,贝尔纳和威廉更多地突破了"寓言"说的框架,人追求神的生活本身被看作了爱的历程,而且强调这神人之爱与人间的至纯情爱的某种类似,不仅是形似,还有些许神似。用儒家解《诗经》的术语来讲,他们的《雅歌》理解已经从简单的"比"(比喻)而进到也包含了某种"兴"(兴发)的境地了。

在十二和十三世纪的西欧,出现了一种爱的文化,反映在世间

---

① 参见罗伯·法森(Rob Faesen)的"何谓神秘体验?历史和解释"一文,载《与神在爱中相遇:吕斯布鲁克及其神秘主义》,[比]保罗·费尔代恩著,陈建洪译,中国致公出版社2001年版,附录1,第234—267页。此文由陈建洪译、张祥龙校。

② 关于《雅歌》的原意、作者、结构等问题,有过不少争论。参见《圣经文学十二讲——圣经、次经、伪经、死海古卷》,朱维之著,人民文学出版社1989年版,第十一讲第五节。朱先生赞同《雅歌》是戏剧的说法,基本情节是"牧女倾心于牧羊情郎而拒绝了君王[所罗门王]的求爱"(第371页)。

③ 《与神在爱中相遇》,第252页。

④ 见《神学的灵泉》,第四、五章。

和宗教的追求里。就其世间的一面讲,是行吟诗人们歌颂的宫廷之爱(courtly love),在其中,爱恋者毫无保留地深爱某位高贵的女子,在他眼里,她集世间一切美好之大成。而且,他的爱是如此纯洁、深挚,以至于他即便不知道她是否爱他,或得不到回报,也绝不因此而减弱他的爱。相反,这种顿挫、距离或不确定反而使他的爱火燃烧得更猛烈,更有痛苦中的幸福感。这些作品令当时的人们着迷,也被一些研究者认为是一种人性表达的新形式,将女子的地位、个体心灵的地位和爱情关系的纯真展现抬升到了一个新境界。①

受这种时尚文化的感染或与此风潮并行的,是欧洲,特别是西欧低地国家内的神秘体验之爱的盛行。按照一位主教雅克(Jacob of Vitry)的描述,那时有无数的男女,尤其是女子们,迷恋于神或基督。她(他)们最关心的不是进修道院,获得教会的正式承认,而是爱基督并最终为基督所爱。为了这种高于一般的信仰形式的神秘之爱,她(他)们可以放弃家产和舒适,过简朴、劳碌、奉献的艰苦生活,接济穷人、照料病人,甚至忍受误解和迫害。这一切都是为了侍奉她(他)们的所爱者,让这爱更洁净生动。有时候,她(他)们沉醉于这人神之爱,处于出神的状态。② 于是在西欧现属比利时、荷兰等地,出现了女自修士(beguines)的运动,也就是一些女子,为了宗教的动机,居住在一起,形成某种自发的社团,相互扶持,在爱神中追求神之爱。她们并没有加入教会的组织,女自修士的聚

---

① Paul Mommaers with Elisabeth Dutton: *Hadewijch: Writer-Beguine-Love Mystic*, Leuven: Peeters, 2004, p. 13 – 18.

② 《与神在爱中相遇》,第 256—257 页。

居区(beguinage)也不是修道院,因为她们还有自己的财产,进入和退出这样的社团也比较容易。有许多当时的传记记述了她们中的一些人物。其中一位极有才华者哈德薇希(Hadewijch),她没有传记,只留下了非常动人的诗歌、通信和描写她的灵见(visions)的短文。①

神秘体验之爱的表述在哈德薇希这里达到了一个高峰,上述《雅歌》新解和宫廷之爱的意境,在她的作品中被活生生地体现为她与神之间的充满曲折和心灵历程的炽爱。一方面,这爱是如此真实,绝不亚于最热烈的人间情爱;另一方面,由于她的所爱是基督、是神,这神人之间的绝大悬殊和距离使得这种爱恋注定遭遇到不可测的深渊、黑暗和挫折。但真正的爱却不放弃,反倒正是在这绝望的苦痛中学会放弃自己,在不确定的爱情波涛中被净化、升华和深化,燃烧得更加猛烈而最终(要)与神或她的情人融为一体。下面试译哈德薇希《节诗》第25首中的两节:

> 我迷惑于爱的甜蜜
> 因为它比什么都更有力;
> 当我因此而被带入内在的毁灭,
> 爱却无视我心灵的失缺。
> 她陪伴着我进入如此的悲苦,
> 令我无法相信这感到的一切。

---

① 关于女自修士运动和哈德薇希与它的关系,参见 Paul Mommaers with Elisabeth Dutton: *Hadewijch: Writer-Beguine-Love Mystic* 的第三、四两章。

爱情送我来的那些隐秘道路，

将我的自身从我这里通通劫掠。

她温柔宁静中的声浪强烈地显身，

让我失去了所有的听觉。

无论她使这声浪如何响遍，

她温柔的宁静却无人听见；

只有他，那被这宁静打动得神魂颠倒者，

被爱完全拉入了她的命脉根源。

她深深的触摸中有如此亲密的触动，

以至于他感到完全活在了爱恋里面。

当她以自己奇妙的滋味充分满足了他，

这声浪便暂停了短短的一瞬间。

啊！马上就有渴望，这永远的警觉者，

在内感官中唤醒了新的风暴满天。①

因此，爱的神秘体验者们绝不甘心于只通过意愿、理智和一般

---

① *Poetry of Hadewijch*, trans. Marieke J. E. H. T. van Baest, Leuven: Peeters, 1998, pp. 178–181. 原诗是中世纪荷兰文，全部押韵，而且多是隔行互套的双韵。这里的中译可说是狗尾续貂，无法传达原诗的语词游戏（哈德薇希是构造此游戏的大师）和回旋韵味。

请注意：在哈德薇希的诗歌中，神或爱以女性形象出现，而追求神的恋者却是男性。这符合行吟诗人们歌唱宫廷之爱的习惯，一位男性的骑士爱恋他的女性的"我主"（*mi dons*）。而在吕斯布鲁克的《精神的婚恋》中，却正好相反，神是男性，人类或人性从根本上说来是女性。

的情感去信仰神，而要在人的本性的最深处，在那些官能还没有分离的源头处，直接体验到与神相爱而完全结合为一的至味。当基督教在欧洲取得统治地位之后，这种内在的需求和追求就出现了，因为一般意义上的信仰只在与别的宗教争斗、受迫害而壮烈非凡之际，才是真挚的，能满足信仰者的终极需要。一旦一统天下，多少年、多少个世纪中，不断重复那些圣礼、宣誓和教条，就很容易丧失这信仰的内在意义，滋生出种种厌倦和腐败。而神秘体验却能给真诚的追求者们以重新品尝信仰原味的机会，于是这样的潮流和出类拔萃者们就应时而生了。

三、吕斯布鲁克其人其书[①]——《精神的婚恋》结构与内容简介

吕斯布鲁克于十三世纪末出生于现今的比利时，11岁时就随叔父到布鲁塞尔的圣歌德勒大教堂，接受了基本教育而成为一名低级神甫。他没有受过当时的高等教育，所以只用方言，也就是中世纪荷兰文而不是拉丁文写作。但是他有进入神秘体验的天赋，并受到明谷的贝尔纳、哈德薇希、拿撒勒的贝亚特里齐等人的影响，在50岁之前就写出了《精神的婚恋》，这是他总共十一部作品的第二部。

---

① 由于附录一中已经介绍了吕斯布鲁克的生平，这里只是就那里谈得比较薄弱的地方简略交待，主要注意力放在与《精神的婚恋》一书有关的方面。以下叙述借鉴了吉多·德·巴赫(Guido de Baere)的"爱的神秘主义——作为见证人的吕斯布鲁克"一文(陈建洪译、张祥龙校)，它载于《与神在爱中相遇》，第268—290页。

从1343年起，他与另外两名神甫离开布鲁塞尔，隐居于此城之南十公里的绿谷。七年后，此隐居所成为了圣奥古斯丁派的修道院。吕斯布鲁克的神秘体验论深刻影响了此修道院的传统，而他本人也一直生活于此，在周边的密林中获得宁静和灵感，写出了晚期作品。他于88岁那年在绿谷安然逝世。

《精神的婚恋》被公认为吕斯布鲁克的最重要和最有影响力的作品。它生动地描述了神人之爱的神秘体验历程，其源头是他本人的神秘体验，但对这体验的表述（乃至这体验的形成契机）受到以上讲到的西方神秘体验论传统的影响。而他也有自己的表达风格，比如此书不用第一人称而用第三人称的方式来叙述，且组织得相当完整，就像是一本指导神秘体验追求者的灵修手册。其次，就是他对于这体验的低级阶段与高级阶段的关系，有较之不少神秘体验者而言更为动态平衡或相互回旋的描写和理解。再次，他批评当时的神秘体验潮流中的异端，而他本人又如此忠实于这种超出了个人、体制的经验，以至于他对于最高神秘体验境界的描述，被人指责为异端言论。由于绿谷团体的努力和种种机缘，他的作品最终没有受到教皇的正式谴责。

此书讲了神秘体验历程中的三种生活，即行动的生活、内在的生活和沉思的生活。从表面上看，它们是神秘体验的起点、进入和高潮，是一个从外到内、从低到高的进展过程（而神则从内到外、从高到低地来临），但这不等于辩证上升，因为它们相互之间有套接，在最高层次上也有低层次的内在参与。这不是一个理性精神的辩证发展，而是爱的发生、深化或激烈化和成熟结果。按照吕斯布鲁克,"爱总是从起点处再次起头"(b996),①所以在她最成熟时也不会忘记自己的"初恋"和"热恋"阶段,而且这"最高"也不是完成时的,而是要再次起头。

对这三种生活的阐述又被一个四分模式依次划分,可谓一经一纬。这四分模式来自吕斯布鲁克从《新约·马太福音》所引的一句话:"看,新郎来了,出去迎接他。"(25:6)②这话也是此书书名中的"婚恋"或"婚礼"的字面由来。它被分为四个单元,即(1)看——准备好精神体验之看的条件;(2)新郎来了——看到或感到基督(本不可对象化之道的活体在场)的来临;(3)出去——应答基督的来临,走出自我,朝向所爱;(4)迎接他——基督来临和我们的出去所造成的相遇。于是,那三种神秘体验生活的每一种都通过这四个单元造成的角度来观察,于是就有了十二个单位,尽管吕斯布鲁克在具体的阐述中,对它们也是轻重有别。在有些单位里,又分成若干部分和子部分,所以读此书时,会有进入中世纪哥特式大教堂或城堡的感觉,尽管主体结构清晰,但由于它里边套着许多小教堂或礼拜堂,再加上螺旋打转的塔梯,会让初读者如入迷宫(想想《哈利·波特》中霍格沃茨学校所在城堡的结构吧)。一个主题这里讲了,过一阵儿又冒出来。这种"听巴赫音乐"般的感觉在读第二种生活的第二、三单元时最强烈。但只要明了它的大结构,就不会完全迷失,有时甚至会欣赏到它的构造趣味。而更关键的,是感受书中表述的神秘体验的"滋味"。

---

① 从《精神的婚恋》的引语,只在括弧中给出《全集》本行码。以下中译本的每个自然段的开头处,标出了此行码,便于读者查索。

② 此译文与和合本不尽同,理由给在以下译本的相关注释中。

全书以"序言"开头,它讲述了这精神婚恋的由来,新娘、新郎角色的含义,点出本书的通过爱来救赎的主题,并预示了以下"情节"的开展方式。

在第一种,也就是行动的生活中,信仰者凭借神的引导和她(他)追求神的意愿,通过实践各种德行去爱上基督,仿效基督,从而在这热烈追求之中迎接基督,并在意识到神的不可测度时转向下一种生活。当然,这种与神的相遇还是通过中介比如德行和神的恩惠而实现的。这第一篇中,有不少生动的描述,比如对于基督为何值得我们深爱的特点的描述,热爱基督者的德行特征和实现过程的描述。而且,以下两种生活的某些特点在这里已经浮现,比如当我们追求基督的意向非常专注和单纯时,会出现深情和被神触动之感,还有在神的不可思议的崇高面前对于自身的放弃、安止于神等等。

对第二种生活,也就是内在的、激昂的和渴念神的生活的描写,构成此书的主干。它的篇幅是其它两部分之和的两倍多。其原因恐怕在于:这种内在的、燃烧着爱火的生活,特别鲜明地表现出神秘体验的特点,但又不像更高的沉思生活那么几乎无法描写。而且,这一篇中既有对于神秘体验的丰富动人的讲述,又有某种解释这种体验的思想尝试,比如阐释人性如何悬挂于神性之中的结构,它使得我们与神在爱中的相遇有原本的可能;又比如说明基督第二种来临所赐予和所依凭的"一泉三流"的灵魂结构。还有对于神秘体验中可能出现的问题的对治办法,等等。应该说,这一篇的最大特点就是能将这些思想浸透于原发的神秘体验中,那些已经被早先的希腊和基督教神秘体验论提出过的"理论",在吕斯布鲁克笔下获得了神秘体验的水火相激之流的动感,爱情和身体的质感,以及某种新意,比如那灵泉水脉中的"回流"说。其中含有大量从自然界来的生动意象,比如季节、天象、花草、果实、蜜蜂、蚂蚁、雾露、河流、泉水、阳光、山谷、深渊、火焰、潮汐,等等;又有人的身体和心灵的感受意象,如温暖、寒冷、黑暗、沉醉、触摸、哭泣、欢叫、奔跑、跳跃、难产、生病、折磨、伤口、死亡,等等;都被他恰如其分地用来描述和指导那喷涌而出的神秘体验和它们的各种遭遇,令人惊异、开眼。里边有欢乐、幸福、最高的至福,但也有失望、被遗弃、绝望;有理性、明智和忠告,也有超理智、不顾一切的热望和激烈燃烧的恋情;有动摇、堕落、退却,更有坚贞、忠诚、献身乃至绝处逢生。"灵皇皇兮既降,猋远举兮云中。……望美人兮未来,临风怳兮浩歌。"①

那是内向之爱的经历,如火如荼、升华人生、展露人性中隐蔽的神性;但又是人神之爱的经历,其中总有无法测度的隔离,让追求者总是饥渴,让这爱情永不会圆满,也永不完结。但真的爱情不会因为爱人的消失就退却,因为她在根本处不依爱者或所爱者的个体,而源自她(他)们的先行结合和统一。"这就是为什么在理智止步之处,爱情还要前行的原因。"(b1312-3)因此,在神秘体验的大潮退却、季候寒冷、毫无希望之时,"只有他,那被这[爱的]宁静打动得神魂颠倒者,被爱完全拉入了她的命脉根源"(以上所译哈德薇希诗句)。没有神爱触动带来的欣享和幸福感,他或她就在"荒野黑暗"里孤独前行,在德行实践中等待着爱人的再度降临(由

---

① 屈原:《楚辞·九歌》。

此可见第一种生活或德行实践在关键时的作用);这正是神秘体验者彻底倒空自我、去掉一切追求的样式和中介,获得那最可贵的(主动追求中的)被动性和无中介性的时机。就在这如海潮般的激情跌宕中,这精神的黑暗之光将《婚恋》的叙述引入了更深安止的沉思生活。不过,在进入第三篇之前,吕斯布鲁克对于偏离正道的神秘体验者做了批评。

第三种生活,也就是沉思的生活,按吕斯布鲁克的说法,只有很少数人才能达到。它要在一切行动、中介和追求的终结处,通过某种因缘的凑合——当事人已有的神秘体验能力、德行和献身之外,还要有天赋和机缘,比如神的隐蔽启示——才可能出现。其中的关键是更完全地摆脱自己,让充满爱意的精神死于自身,只通过神来体验神、欣享神、化入神。而这里的难处就在于既要超出一切样式和中介,在无尺度、无样式的超本质沉思中与那至高无上的神融为一体,但又不能在任何意义上有意识地去追求这种沉思,那样一来就又带上了某种样式了;而且,完全不追求、心如死灰、完全空寂,也不行,那也是某种样式。唯有纯真不二的爱才有可能克服这"寻求沉思的悖论",因为爱既可以倒空自身、暗中发光,又不追求这空无、执着这空无。真爱必不离世间、不离劳作和共通的德行,但又可以超世间、超样式、超德行,而成为"一种无须费力的奇妙精神之爱"(b960)。"一个人在这里被爱如此地占有,以至于他必定忘掉自己和神,除了爱之外什么也不知道。"(b1353-4)这是爱的中道和至诚——"至诚如神"①。

---

① 《礼记·中庸》。

无论如何,能够进入这种生活的人,在爱的出神狂喜中与神合一,无中介地通过神而沉思神,摆脱了自己的受造性,发现自己与神共有一个基底,而且就与神的光辉融为一体(c147 – 149 等)。这类话想必是出自作者最忘情的出神体验,应该就是这部作品被当时的神学家谴责为"泛神论"的依据。

由于人神的打通,吕斯布鲁克在这一篇中还多处讲到神的三位(圣父、圣子、圣灵)一体,富于圣家庭的原时间含义,可看作沉思之人最终融入其中的存在的根基、意义的子宫。

四、翻译此书的机缘、方式和考虑

我翻译此书,缘于十几年前在比利时安特卫普大学吕斯布鲁克研究中心的学术访问。它使我写了介绍吕氏的一篇文章(见附录一),并导致该中心的三位学者访问北大。之后,曾设想出版一套介绍世界各种神秘体验论和相关研究的丛书,但由于当时遭遇到的外部阻碍,这套丛书只在中国致公出版社付印了四本就草草收场,但我也因这些经历一直怀抱着翻译吕斯布鲁克的《精神的婚恋》的愿望。今年春季,我终于得空,赴该中心专门从事此翻译。在那里的三个月间,得到中心前主任、吕斯布鲁克全集的学术指导吉多·德·巴赫(Guido de Baere)教授的悉心帮助,并与其他的专家和访问学者们交流,得知对于基督教神秘体验论或神秘主义的国际研究,在这十几年间又有长足进展,某些世界著名大学的年轻学者们,对它表现了研究的热情。在我离开安市时,译文已完成过半,回来后加紧译完,其间又与巴赫教授几次通信,请教疑难。

《精神的婚恋》早已被翻译为多种文字,有时同一种文字中有多个译本。我的翻译主要依据《吕斯布鲁克全集》本(第三卷)①,《全集》本中有此书的中世纪荷兰文本、拉丁文译本和英译本。我主要依据其中的英译本来翻译,同时参照了怀斯曼的英译本②,有一些段落的翻译参照德文译本③。由于中世纪荷兰文与德文有内在联系,我也常能从荷兰文原本得到启发。比如"精神",中世纪荷兰文是"geest",而德文是"Geist";"共通的",荷文是"gemeen",德文是"gemein";"触动","roeren"对着德文的"rühen";"爱",荷文的"minne"对德文的"Minne";"品尝","smaken"对德文的"schmecken";等等。这类相通可谓俯拾皆是,对我理解原文很有些帮助,所以眼下的这个译本与原本也算略微接得上气。怀斯曼的英译本表达流畅,适合现代读者的阅读感,可说到接近原本,就不如追求"尽可能地逐字和忠实地"④翻译原文的《全集》本;但它为原作加了几个层次的小标题,很有助于读者理解此书的结构和各部分的相互关系,而且它对自然段的划分也更合理,所以我加以采用。我还参阅了日文本的索引,看它如何用汉字表达关键词,但没有选用。

---

　　① *The Spiritual Espousals*, trans. H. Rolfson, O. S. F., ed. Dr. J. Alaerts, intro. Dr. P. Mommaers, directed Dr. G. de Baere, *Opera Omnia* 3:*Die geestelike brulocht*, Tielt:Lannoo,1988.

　　② John Ruusbroec:*The Spiritual Espousals and Other Works*, intro. and trans. by James A. Wiseman, O. S. B., pref. by L. Dupre, Mahwah, New Jersey:Paulist Press, 1985.

　　③ *Die Zierde der Geistlichen Hochzeit*, uebersetzt von Marijke Schaad-Visser, Benziger, Einsiedeln:Johannes Verlag,1987.

　　④ *Opera Omnia* 3:Die geestelike brulocht, p.51.

译文的少数地方，我加了小方括号，是为了补足行文的语气和意思，同时避免让读者以为它们（即括号中的文字）是原文就有的。这种安排还涉及此书的性别表达。从序言可知，此书中的神是男性、新郎，而人性乃至作为精神存在者的人类是女性或新娘，"婚恋"就发生在两者之间。但是，在后文的绝大部分，当吕斯布鲁克讲到人类个体时，用的是"他"（可能是由于他当时身边的信仰同伴们皆为男性），这在某种程度上遮盖了人神之爱的性别特点，尽管人性或人的精神存在与人类个体还不完全等同。所以，我在必要的地方，在"他"后边加了小方括号的"[她]"，以提示这性别之爱或性别区分的存在。至于一位读者引用此中译本时，带不带上这些方括号，要由他或她自己来决定。

译文末尾有索引，大多数词是汉、荷、英文的表达，以便于查阅。每个自然段开头处，都给出《全集》本英文版的行码。现在国际上的英文学术著述，引用吕氏著作时，提供的出处常常就是这种行码。原文没有注释，译文中的所有注释都是译者所加。《新旧约全书》的引文，基本上来自和合本。

这里发表的是《精神的婚恋》的完整中译文，为的是向中文读者介绍基督教神秘体验论的一本代表性著作。但我从事此项译事，还有一个考虑或目的，即为中华宗教、哲理——特别是儒家——与基督教的深层对话提供一个有活力的文本空间。中华的宗教和哲理传统中，当然有自己的精神的或灵性的维度，但其表现方式与这基督教的爱的神秘体验论还是很不同。儒家也主张爱——孝爱、仁爱、男女夫妇之爱、对祖先和家乡（乃至祖国）之爱——是人性的根本乃至天道的根本，但她有没有可与此书描述的"精神的婚恋"参比的精神世界呢？在做深入的对比和探讨之前，很难回答这种问题。但它有可能关系到儒家进入未来的能力，以及基督教在中国的前途。无论如何，两边在神秘体验维度中的对话和沟通，是相互的机会而不是相互的伤害。所以，我计划将来出版此书的"阐释版"，也就是主要从中华文化，特别是儒家的角度来理解和阐发这种爱的神秘体验，让双方在此有某种真实的"相遇"，以期达到范式际的沟通。至于能做到什么程度，我目前也心中无数，只是被这种设想所吸引。

致　　谢

在翻译此书过程中，上面提到的吉多·德·巴赫教授给予我以最多的帮助。他精通多种语言，对于吕斯布鲁克的著作可说是了如指掌，我每次向他提出问题，都在很短时间内得到他的准确、详实的回答。而且，我提的问题越多，他就越是兴奋，这种思想和精神上的真实热情也不时地感染了我。在我访问安特卫普大学期间，他对我和内人的关怀可谓无微不至，让我直接体会到了吕氏书中讲到的那些德行的活力。我对他的感激之情是无以言表的。

其次，我还要感谢比利时鲁汶大学汉学系钟鸣旦教授，他读了此译稿的第一部分，并提出了有分量的建议。另外，感谢吕斯布鲁克研究中心和鲁汶大学的罗伯·法森教授，和安特卫普大学的UCSIA基金会及吕斯布鲁克研究中心，他们的帮助和支持使得这次赴该中心的翻译活动可能。

在鲁汶大学获得博士学位、现在南开大学任教的陈建洪教授，一直期待我能翻译此书,对于我也是个激励。

最后,还要感谢本书译者所在的北大哲学系和外国哲学研究所,它们为我提供了宽松良好的工作环境。

译者识
辛卯中秋
(译者已于壬辰秋
转入山东大学哲学系)

目　　录

序言 …………………………………………………………… 1

第一篇　行动着的生活

第一部分　"看哪" …………………………………………… 7

甲、看到物质对象的三个必要条件 ………………………… 7

乙、看到精神实在的三个必要条件 ………………………… 8

　　先行给予的恩惠 ………………………………………… 9

　　神与我们自身的合作 …………………………………… 11

第二部分　"新郎来了" …………………………………… 13

甲、我主的第一种来临——在道成肉身中 ……………… 13

　　基督的谦卑 ……………………………………………… 15

　　基督的博爱 ……………………………………………… 16

　　基督对苦难的耐心忍受 ………………………………… 17

乙、我主的第二种来临——带有新恩惠的日常出现 …… 19

　　这第二种来临的另外一种形式 ………………………… 21

丙、我主在最后审判之时的第三种来临 ………………… 21

　　五种要被审判的人 ……………………………………… 22

第三部分　"出去" ………………………………………… 25

甲、谦卑——众德行之基、之母 ·················· 26
　　　　服从 ······································ 27
　　　　放弃自己的意愿 ···························· 28
　　　　耐心 ······································ 29
　　　　温顺 ······································ 29
　　　　仁慈 ······································ 30
　　　　同情 ······································ 30
　　　　慷慨 ······································ 32
　　　　热情 ······································ 33
　　　　节制和清醒 ································ 34
　　　　纯洁 ······································ 36
　　乙、正义是实践德行的一件武器 ·················· 38
　　丙、灵魂是博爱王冠下的王国 ···················· 39
第四部分 "去迎接他" ······························ 42
　　甲、第一种方式：在所有关乎我们拯救之事的意向中朝
　　　　向神 ······································ 43
　　乙、第二种方式：不要专注于任何与神同等的其他目标 ······ 45
　　丙、第三种方式：安止于那超出所有被造者的神 ········ 45
　　丁、从行动着的生活向内在的生活转移 ············ 46

第二篇　内在的生活

第一部分 "看哪" ·································· 51
　　甲、看的三个必要条件 ·························· 51
　　乙、在我们内部的自然的和超自然的三重统一 ······ 52

  自然拥有的三重统一 …………………………………… 52
  在行动着的生活中,对这些统一的超自然拥有 ……… 53
  为了在内在生活中超自然地拥有这些统一而做的准备…… 54
 丙、在最高统一中出现的启明 …………………………… 55
 丁、得到这种启明的必要条件 …………………………… 56

第二部分和第三部分 "新郎来了,出去" …………………… 58
 甲、第一种来临,进入心灵,以四种不同的样式出现 ……… 60
  第一种样式:可感觉到的热情和安慰 ………………… 60
  第二种样式:安慰的非凡丰富性 ……………………… 66
  第三种样式:被有力地吸引向神 ……………………… 69
  第四种样式:被抛弃状态 ……………………………… 78
 乙、第二种来临,进入更高的能力,类比于涌出三股水
  流之源泉 …………………………………………………… 89
  第一道水流,它使记忆统一 …………………………… 90
  第二道水流,它照亮了理解力 ………………………… 91
  第三道水流,它点燃爱中的意愿 ……………………… 95
 丙、第三种来临,进入精神的统一,比喻为造就一眼源
  泉的那道水脉 …………………………………………… 106
  神与我们精神的关系 ………………………………… 106
  一个人如何为这第三种来临做好准备 ……………… 108
  这第三种来临的本性 ………………………………… 109
  我们对于此来临及其效果的反应 …………………… 110

第四部分 "去迎接他" …………………………………… 115
 甲、对于迎接神的种种方式的引导式评论 ……………… 115

与神的无中介的自然结合 ················· 116
　　　通过中介来迎接神 ···················· 117
　　　神的恩惠的绝对必要及我们对它的反应 ········· 120
　　　神与我们在统一和相象中的相遇 ············ 121
　乙、通过中介迎接神 ······················ 122
　　　在每个善行中,凭借纯粹的意向 ············· 122
　　　通过中介来迎接神的等级,按照圣灵的七个赠品 ···· 123
　丙、无中介地迎接神,在三种不同的样式里 ·········· 137
　　　第一种样式:虚空 ··················· 138
　　　第二种样式:主动的欲望 ················ 139
　　　第三种样式:按照正义既安止又工作 ·········· 140
　　　对这三种样式的偏离 ·················· 142
　　　对于这些错误的综合和拒绝 ··············· 150
　丁、基督和圣者们是我们内在生活中的榜样 ········· 152

第三篇　沉思的生活

第一部分　"看哪" ······················· 158

第二部分　"新郎来了" ····················· 160

第三部分　"出去" ······················· 162

　甲、我们在神中的永恒存在,处于我们在时间中的
　　　被创造之前 ······················· 162

　乙、在此沉思生活中得到我们永恒的意象 ·········· 164

第四部分　"去迎接他" ····················· 166

术语索引…………………………………………… 169
人名索引…………………………………………… 182

附录一　吕斯布鲁克及其《精神的婚恋》中的"迎接"的
　　　　含义………………………………………… 183
附录二　吕斯布鲁克神秘体验论中的时间意识……… 211

序　　言[①]

ᵃ¹"看哪，新郎来了，出去迎接他。"[②]福音书作者、圣徒马太（Matheus；Matthew）为我们写下这些话，而基督（Cristus；Christ）是通过童女的比喻来对信徒和所有人说出了它们。

ᵃ⁴这位新郎就是基督，人类本性（mensc[h]elijc[ke ̄]natu[e]re；human nature）[③]就是新娘，神（god；God）[④]按照他自己的意象

[①]　此译著中的小标题和分段基本上取自怀斯曼（Wiseman）的英译本。自然段开头处的英文和数字，表示此行在《全集》本中的英文本的行码。"a""b""c"表示"第一篇""第二篇"和"第三篇"。

[②]　此语出自《新约·马太福音》25:6。这里的译文根据《新约·马太福音》和《精神的婚恋》的多个英文本（乃至中世纪荷兰语本）翻译，略不同于和合本。它的中世纪荷兰语表达是"Siet, de brudegom comt; gaet ute hem te ontmoete."。它的英译文是"See, the bridegroom cometh; go out to meet Him."。

和合本中，这话及其上下文是："那时，天国好比十个童女拿着灯，出去迎接新郎。其中有五个是愚拙的，五个是聪明的。愚拙的拿着灯，却不预备油；聪明的拿着灯，又预备油在器皿里。新郎迟延的时候，她们都打盹、睡着了。半夜有人喊着说：'新郎来了，你们出来迎接他！'那些童女就都起来收拾灯。愚拙的对聪明的说：'请分点油给我们，因为我们的灯要灭了。'聪明的回答说：'恐怕不够你我用的，不如你们自己到卖油的那里去买吧！'她们去买的时候，新郎到了，那预备好了的，同他进去坐席，门就关了。其余的童女随后也来了，说：'主啊，主啊，给我们开门！'他却回答说：'我实在告诉你们：我不认识你们。'所以，你们要警醒，因为那日子、那时辰，你们不知道。"（《马太福音》25:1-13）

[③]　圆括弧中加的方括弧，指示索引中的词条与该词在此行文中出现形态的不同。方括弧中的字母，是行文里的词中多出来的。

[④]　本译作中，圆括弧中的内容，不管是前面的中世纪荷兰文，还是紧跟的英文（乃

(beelde;image[形象])和样子(ghelijckenisse;likeness)造就了她。一开始,神让她住在地上最高贵、最可爱、最丰富和最幸运的地方,也就是在伊甸园里。神让所有的被造物都服从她,神还给予她恩惠,给予她戒律;如果她服从这戒律,(就)会变得坚定不移,永远忠诚于她的新郎(brudegome;bridegroom),绝不坠入任何苦难和罪恶中。但是来了一个坏种,地狱中出来的恶魔(viant;fiend),以一条狡猾之蛇的面目出现。它忌妒这种[人神关系的]①状态,于是就欺骗女人;两者又一起去欺骗男人,在他那里,(人类)②本性还完整存在着。这样,蛇就以虚假的劝诱劫持了这本性,也就是神的新娘。她被放逐到一块陌生的土地上,贫瘠、凄苦,被她的敌人俘虏、压迫和困扰,似乎完全没有可能再回到(她的)家乡,也得不到缓解。

^{a 17}但是,当神看到时机成熟,并怜悯他所深爱的人的苦痛,就派自己的独生子入世,进入一座丰富的宫殿和荣耀的庙宇,也就是童贞女马利亚(Maria (Marien);Mary)的身体中。在那里,他[圣子]娶这位新娘(bruut (bruyt);bride)③,也就是我们的本性为妻,通过高贵童贞女的最纯洁之血(bloede;blood),他将这本性结合

至于对它们的中文翻译),都是原作或英译本中就有的。有时候不给出荷文和英文,直接译成中文。

① 本译作中,小方括号里的内容是译者所加,以补足语意、语气和某方面的信息。有的信息,比如有关《新旧约全书》引文出处的信息,基本上是从 Wiseman 英译本中移来。

② 这种圆括弧都是《全集》本中的英文译本所加,为的是补足中世纪荷兰文本的语意和语气。本译作在可能的情况下,尽量采用。

③ 圆括弧中再加的圆括弧里的中世纪荷兰文,是这个词在该行文中出现的样子,与《全集》本索引中所给的该词拼法(即再加括弧前面的词)稍有不同。

到自己的位格（persone；person）中。目睹这新娘之婚的神甫就是圣灵（heylighe gheest；Holy Spirit）。天使加百列（Gabriel）预报了这桩婚姻，荣耀的童贞女表示了（她的）同意。于是基督，也就是我们的守信的新郎，与我们的本性结合，在这个陌生之地造访我们，用天国的方式和完美的忠诚来教导我们。他发奋工作和战斗，站在我们一边抗击我们的敌人。他打破囚禁我们的监狱，赢得了这场斗争的胜利，通过他的死（doot；death）让我们的死去死，用他的血拯救了我们，用他的水的洗礼来解放我们，用他的圣礼和恩惠来丰富我们，使得我们可以像他所讲的，通过各种德行（duegden；virtues）而"出去"，在荣耀大厅中"迎接"他，并在永恒（ewicheit（eewicheyt；eternity）中无限地享有他。

[a 31] 现在基督，即真理之主，说道："看哪，新郎来了，出去迎接他。"基督也就是我们的情人（minn[a]ere；Lover［爱人］）用这些话指导我们去做四件事。第一，他说"看（sien（siet）；see）哪"，这样就给了我们一道命令。所有那些视而不看和忽视这命令的人们，要受到谴责。第二，他接着表示出，我们应该看到什么，即新郎的来临。第三，他指导并命令我们去做那应做的事情，也就是他所说的"出去（gaet ute；go out）"。最后，当他说"去迎接（ontmoeten；meet）他"时，他向我们展示出我们的一切努力乃至生命的福利之所在，即与这位新郎的充满爱意的相遇（minlijc ontmoet；loving meeting）。

[a 40] 我们希望以三种方式来阐发和解释这些话。首先是以一种适合于所有人的共通方式，针对初学者的生活来阐释，这种生活也就是所谓行动着的生活（werkende leven；active life）。其次，

我们希望针对一种内在的、激昂的渴念生活（innighen, verhavenen, begheerlijcken leven; inner, exalted, yearning life）来解释这些同样的话。许多人是通过德行和神恩而达到这种生活的。最后，我们针对一种沉思神的超本质生活（overweselijcken, godscouwenden levene; superessential life of contemplating God）来解说它们。很少有人能达到这种方式的生活或能品味它，因为它极其崇高和优异。

第 一 篇

行动着的生活

第一部分 "看哪"

甲、看到物质对象的三个必要条件

ᵃ⁴⁸现在来讲第一点。自从亚当(Adam)的时代以来,圣父的智慧即基督①出自他的神圣性,以内在的方式对过去和现在的所有人发话:"看哪。"谁都需要这种看。可是要注意:一个人要能看到物质的和精神的东西,必须满足三个条件。

ᵃ⁵²第一个是:如果一个人通过身体去看外边的东西,那么他[她]就必须有从天上来的或其他物质性的光源[太阳],以便让他[她]凭借着去看的介质,也就是空气,被照亮。第二个条件是:这看者必须乐意让他[她]去看的东西反映在自己的眼中。第三个条件是:看的工具,也就是眼睛,必须完好无损,以便那些粗糙的物质对象可以被精细地反映于其中。如果一个人缺少这三条件中任何一个,他[她]的肉眼视力就是有缺陷的。我们将不再谈及这种观

---

① 按一般的基督教神学理论,"圣父的智慧(die wijsheyt dies vacers; the Wisdom of the Father)""永恒的智慧"乃至"永恒的道言"(eewighen word, the Eternal Word),都是指三位一体中的第二位,即圣子;他是基督在"道成肉身"(Incarnation)之前的永恒位格,所以还不完全等同于获得人类肉身的基督。但是,这里吕斯布鲁克却将作为人性之情人的"基督"与"圣父的智慧"等同并提。考虑到他后面的不少说法,这种讲法似乎不只是笔误,而确有某种深意。

看,而是转向精神的、超自然的看,在其中有我们的一切至福(salicheit（zalicheyt）;blessedness)。

乙、看到精神实在的三个必要条件

a 60 一个人要超自然地去看,也涉及到三个条件。它们是:神的恩惠(gracien gods;God's grace［又简译为"神恩"］)之光、转向(神)的自由意愿以及那没有被致死之罪(dootzonden;mortal sin)玷污的良心(consiencie;conscience)。

a 63 现在要注意:由于神是一种共通的善(goet;good),由于他的无底之爱(minne;love)是共通的(gemeen（ghemeyne）;common),他就以两种方式赐予他的恩惠(gracie;grace):先行给予的恩惠和让人配得上永恒生命的恩惠。所有的人,无论是非基督徒还是犹太人,善的还是恶的,都拥有这种共通的恩惠。由于神对于所有人的共通之爱,他让他的名字和对人类本性的赎回［的福音］被宣讲,向地上的所有角落揭示出来。无论是谁,只要愿意皈依,就总能去皈依。所有的圣事或圣礼(sacramente;sacraments),无论是洗礼还是其它的圣礼,对于所有要得到它们的人,都是可及的,而且是按照每个人的需要而行。这是因为神希望拯救所有的人,不遗漏一个。在最后审判(ordeel;Judgment)时,没有人能够抱怨自己得到的关注太少,让他［地］徒有皈依(keer;converted, conversion)的意愿［而无法实现］。因此,神是那共通的放射(schijn;radiance)和共通的光明(licht;light),按照每个人的需要和所值［即容纳此光辉的能力］,照亮(verlichten;enlighten)天地和每一个人。

ᵃ⁷⁵尽管神（对于所有存在者）是共通的，尽管太阳共通地照在所有的树上，但仍然有许多树不结果，另一些树结出些于人无用的野果。因此，树［要］被修剪，嫁接上取自结果树上的枝条，为的是让它们可以结出美味又有用的好果子。那取自永恒的（e[e]wich；eternal）王国之生命伊甸园的结果子的枝条，就是神的恩惠之光（licht；light）。只有从这根枝条上长出的，对于人类才会是美味的和有用的。此神惠枝条让人被神喜悦，让人配得上（verdienen；merit，deserve）永恒的生命（leven；life［生活］）；它被提供给所有人，但并未在所有人那里成活，这是因为有的人不愿意让他们的树上那些野长的枝条——无信仰或顽固抵制神的戒律的意愿——被修剪掉。

先行给予的恩惠

ᵃ⁸⁶要让此神惠之枝被植活于我们的灵魂之中，［如上所言］必须满足三个条件：由神先行给予的恩惠，转向（神）的自由意愿（wille；will），以及良心的纯洁。先行给予的恩惠打动一切，因为神赐予了它；但不是所有人都实现了自由的皈依和良心的纯洁，于是他［她］们就缺少那使其配得上永恒生命的神之恩惠。

ᵃ⁹²先行给予的恩惠从外边或里边打动或感动（roeren（ruert）；move，touch，stir）一个人。外来的打动方式包括：他［她］患了病或失去了外在的财物，失去了家庭和朋友；遭受公开的耻辱；或他［她］被一些讲道所感动，或通过圣徒和善人言行树立的榜样而受到感动，使得他［她］开始了解自己。这就是神从外边来触动或扰动(roeren（rueren）；touch，stir)的方式。

a ⁹⁶有时,一个人也从里边被感动(beruert；stirred),由于回忆起我们的主[基督,以下或简称为"我主"]所受的折磨和痛苦,以及神对他[她]和一切人所行的善;或者由于想到他[她]的罪恶,人生的短促,对死亡的恐惧(vre[e]se；fear),对地狱的恐惧,地狱中的永恒折磨,天堂里的永恒欢乐(vroude；joy),神对有罪的他[她]的饶恕,对他[她]的皈依的等待;或者是由于他[她]观察到了神在天地和所有生物中创造出的奇妙。

a ¹⁰²这些都是先行给予的恩惠的运作,它们以内外的多种方式打动一个人。而且,人类也有朝向神的自然而然的倾向,这是由于灵魂(siele（zielen）；soul)发出的火花,由于他[她]那总是渴望良善和憎恨邪恶的更高的理性(redene；reason)。以这些方式,神按照人的需要和每个人所特别要求的[东西]来打动一切人,以至于他[她]有时就遇到灾难、受到谴责和警告,处于恐惧之中,于是[他或她的意识]就保持在内心之中,反观自身。所有这些都还只是先行给予的而非让人配得上[永恒生命]的恩惠。

a ¹⁰⁹先行给予的恩惠就这样创造出一种倾向,让人可能去接受另一种恩惠,也就是让人配得上永恒生命的恩惠。当灵魂由此而摆脱掉不良意愿和邪恶行为,感到被谴责、被击倒,当它注目于神、它自身和它的邪恶行为而恐惧于该做什么时,就生出对于罪恶的自然的悔恨(leet；compunction)和一种自然的善良意愿。这就是被先行给予的恩惠的最高点。

神与我们自身的合作

ᵃ¹¹⁷ 如果一个人尽其所能地做了,如果他[她]由于自己的弱点而无法再向前走,这时就要靠神的无底善意来完成此事。于是就出现了神恩的更高光明,它就像一束阳光的闪现(een blic der zonnen;a flash of sunlight),注入[人的]灵魂之中,而按(其)价值,此灵魂本配不上也想望不到它的。这是因为,就在此光明中,神出于自由的善意和慷慨而给出他自身,对此没有任何被造者在拥有它之前能配得上它。这是神在灵魂中超越时间的隐秘内运作(inwercken;inworking),打动了灵魂及其所有官能或能力(crachten;faculties,powers)。就这样,先行给予的恩惠结束了,随之而起的是另外的[一种],它就是这超自然(overnatuerlijc;supernatural)之光。

ᵃ¹²³ 这光是第一步,由它引出第二步,由灵魂来做,即在一瞬间发生的意愿的自由皈依;由此,在神与灵魂的结合中涌现出博爱(karitate;charity)。这两步是如此地相互依存,以至于没有一个,另一个就无法被完成。神与灵魂在爱中结合交汇之处,也就是神给予他那超越时间的恩惠之光处;而灵魂凭借这恩惠之力,在一瞬间实现出了(它的)自由皈依;就在那里,博爱在灵魂中产生,既来自神,也来自灵魂,因为博爱就是神与充满爱意的灵魂(minnende ziele,loving soul)之间的爱之联系。

ᵃ¹³¹ 出自这两个前提条件,即出自神的恩惠,以及被这恩惠照亮的意愿的自由皈依,就出现了博爱,也就是神圣之爱(god[e]lijcke minne;divine love)。而出自这神圣之爱,就出现了第三个条件,即良心的纯洁化(suvering[h]e;purification)。这三个条件如此根本地聚合在一起,以至于没有其他的[两个],另一个就不能在任何时段中存在;因为无论谁拥有了神圣之爱,就会对于罪产生彻底的悔恨。而且,人们还可以理解表现在这里的神和受造者的次序:由于神放出光明,使得一个人自愿地实现出彻底皈依;出自这两者,就有了对神的至爱,而由于这爱,就产生了彻底的悔罪和良心纯洁;而它就发生于他[她]蔑视厌恶自己的恶行和灵魂污点之时。由于他[她]爱神,他[她]就对自身和自己的所行产生不满。这就是皈依中的条理。结果就是,出现了真正的悔过,对于自己所做的一切错事的内疚,以及绝不再犯罪并且永远在谦卑中服事神的热诚决心;出现了真实的忏悔,没有掩饰、欺骗和伪善;还有就是完全认同于有洞察力的神甫的忠告,开始(去实践)德行和一切善行(goede werke;good works)。

a [148]这三个条件,正如你现在了解到的,必然会适合"看"的神圣(方式)。如果你拥有了这三个条件,那么,基督在你里边说"看哪",一点不假,你就真地在看着了。这就是基督我主所说的那四个要点中的第一个:"看哪。"

第二部分　"新郎来了"

ª¹⁵² 接下来,他向人显示应该看见什么,就说道:"新郎来了（Die brudegom comt；The bridegroom cometh）。"基督也就是我们的新郎说的这个"来"字,用拉丁语表示就是"venit"。这个词包含两个时态:过去时和现在时;不止于此,他[用它]还有将来时的意思。所以,我们将观看或观想（merken；consider, mark）我们的新郎即耶稣（Jhesus（Jhesum）；Jesus）基督的三种来临（toecomste；comings）。在第一种来临里,他出于对人类的爱,成为了人。第二种来临则是日常的、频繁的和经常的,按照一个人的接受能力,带着他的新恩惠、新礼物来到每一个充满爱意的心灵里。第三种来临是指在最后审判或在死亡之时的来临。在我主的所有这些来临中,在他所有的工作里,有三件该考虑的事:动机或理由、内在的样式（wise；mode）,以及外在的工作或效果。

甲、我主的第一种来临——在道成肉身中

ª¹⁶³ 神创造天使和人的理由,是他那无底的仁慈和高贵。他要去行此创造,以便他本身所有的至福和丰富（rijcheit（rijcheyt）；richness, riches）可以被透露给理性的被造者,让此被造

者在时间(tijt；time)中品味(gesmaken(ghesmaecte)；savor, relish, taste),在超时间的永恒中欣享(gebruken(ghebruycte)；enjoy)。神成为人的理由,是他那[对于人]不可思议的爱以及所有人[对于此爱]的需要,因为他[她]们被原罪(erfzonde[n]；original sin)的堕落所侵蚀,无法修补复原。而基督按照他的神性(godheit；divinity)和人性(menschheit(menscheyt)；humanity)在地上行诸事的理由,共有四重,即他那不可思议的神圣之爱;称作博爱的那种被创造出的(g[h]escapen[e]；created)①爱,他通过与永恒之道言(wo[o]rd, Word)的结合,通过他的圣父的完美赠予,而在他自身的灵魂中拥有这种爱;人性的巨大需要;以及他的圣父的尊荣。这些就是基督我们的新郎之所以来临的理由,以及他以外在及内在方式行事的理由。

a 176 为了尽我们所能地去在德行中跟从他,我们应该思量在基督我们的新郎那里,他的内在实践样式和他在外边所做的工作,即德行和德行的工作。那按照他的神圣性所具有的样式,对于我们来说是无法接近和无法理解的,因为那(样式)是(这样的),他从圣父那里不停地出生,圣父则在他里边并通过他,知道、创造、规范和统率天堂和人间的一切事物。这是因为他就是圣父的智慧。他们呼出(gheesten；breathe)的是同一圣灵(geest, Spirit),也就是同一种爱;这爱维系着他们两者,也维系所有的圣徒和天地间的善人。我们将不再[在这一篇中]谈及这种样式,而是关注他凭借神圣的赠予并按照他的被创造的人性而具有的样式。有不少这类的

---

① "被创造的"指被神造出的一切,与作为创造者的神本身相对而言。

样式,因为基督所具有的内在样式,就如同他具有的内在德行一样多,而每一种德行都有它的特别样式。这些德行和样式存在于基督的灵魂中,超出所有被造者的[日常]理解和领会。但是,让我们来看其中的三种,它们是谦卑、博爱以及忍受内在(inwendich;inwardly)和外在(utewendich;outwardly)痛苦的能力。它们是所有德行和所有完美性的三条主根和起点。

基督的谦卑

a [194] 要知道,我们在基督那里,按其神圣性发现了两种谦卑(ootmoedicheit(oetmoedicheden);humility)的样式。第一种是:他愿意成为人,取得了人性,而这人性是已经被放逐、被诅咒到地狱之深的;他愿意按照他的位格乃至人格性(persoenlijcheit,personality)而成为具有这种本性的人,以至于每个人,不管坏人还是好人,都可以说:基督,神的儿子,是我的兄弟。第二种谦卑是就其神圣性而言,指的是:基督选择了一位贫穷的处女而不是国王的女儿来做他的母亲(moeder;mother),以至于这贫穷的处女成为了神的母亲(gods moeder;Mother of God),也就是天地和所有被造物之主的母亲。而且,所有那些由基督所做的谦卑的工作,人们都可以说那是神做的。

a [202] 现在让我们来看那凭借恩惠和神圣的赠予,存在于基督的人性中的谦卑。他的灵魂及其所有的能力,在圣父的至尊之前,以崇敬和虔诚之心鞠躬致意,而能够如此鞠躬尽瘁之心必是谦卑的。因此,他做的所有工作都是为了荣耀和赞美他的圣父,而绝不寻求他自己——就其人性而言——的任何荣耀。他谦卑地服从旧律法,服从戒律,有时还服从有用的习俗。所以他像其他的犹太人一样,按习俗被行了割礼,[作为头生子]被在出生后带到神殿[献给神],然后被[用牺牲]赎回,还要向罗马皇帝交贡金。他谦卑地服从他的母亲和她的夫君约瑟(Joseph,Joseph),所以他以真诚的谦恭来为他[她]们的所有需要服务(dienen;serve)。他选择贫穷的被遗弃者为自己的陪伴,与他[她]们一起同行,一起去劝化整个世界;这些人就是他的门徒,他在他们里边,乃至在所有人里边,是卑微的、谦逊的。因此,无论是谁,无论那人需要什么,不管是里边的还是外边的需求,他都为其服务,仿佛(他是)整个世界的仆人。这是第一个要点,涉及基督我们的新郎里边的谦卑。

基督的博爱

a 219 第二个要点是博爱,它是一切德行的源头和起点。这种博爱将(基督的)灵魂的更高能力保持在宁静(stilheit;stillness)中,保持在对于他现在正在欣享的同一种至福的欣享(ghebruken;enjoyment or fruition)中。这同一种博爱使他不停地上升到他的圣父那里,带着尊敬、热爱、赞美、崇拜,为全人类的各种需要做内在的祈祷,为了圣父的光荣而献上他的全部行为,以为祭物。而且,这博爱使得基督带着爱的忠诚和善心,俯就所有人的需要,不管它是身体的(lijflijcke;bodily)还是精神的。通过他的生活[方式],他为所有人树立了应该如何生活的榜样。他以真实的内在教导,赐给愿意接受这教导的人以精神食粮;以外在的奇迹和异举,赐给他[她]们以感官的食粮。因此,他有时也以物质的食物来满足他[她]们,比如当他[她]们在旷野中追随他而又亟需这些食物时。他使得聋子听声,盲人睁眼,哑巴说话,驱走人身上的鬼魅;他使得死者复活,跛子正常走路。我们应该在既是物质又是精神的维度中来理解这类现象(的含义)。

a 233 基督我们的爱人(minnere,Lover)以真挚的忠诚为我们内外操劳,我们不能测度他的博爱,因为这博爱是从圣灵的无底源泉中涌出,超出一切总在接受这博爱的被造者,还因为他是存在于一个位格里的神与人。这就是第二个要点,即博爱。

基督对苦难的耐心忍受

a 238 第三点涉及那在忍耐或耐心(verduldicheit(verduldicheden);patience)中的受苦(dogen(doghen);suffering,passion)。我们应该用心思量这一点,因为这是基督我们的新郎终其一生的内在卓越之处。他自早年也就是他出生时起就开始受苦,(忍受)贫穷和寒冷。他被行割礼,流出他的血;为了躲避危险,被带到异国他乡;他服侍约瑟和母亲;他忍受饥饿和干渴、侮辱和轻蔑,以及犹太人的傲慢言行;他禁食,他守望,他被魔鬼引诱。他服从每一个人。他行走在一个又一个地区和城市之间,以极大的辛苦和热情来宣讲福音。

a 246 最后,他被犹太人抓住,他们是他的敌人,可[实际上]他是他们的朋友。他被出卖,被嘲弄、奚落、鞭打,被依据伪证而判罪。他背负着他的十字架,以极大的悲伤走上人间的最高处。他被剥去所有衣服,一丝不挂。从来没有一个男人和女人看到过如此美好的身体被如此损毁。他在整个世界面前忍受耻辱(schaemte(scaemte);shame)、疼痛和寒冷,因为他赤身露体,天气又很冷,尖利的寒风吹进他的伤口。他被用粗钉钉上十字架的木头,被拉扯得筋脉撕裂。那钉着他的十字架被竖立起来,然后被猛戳进地下,使得他的伤口流血不已。他的头被戴上荆棘之冠;他的耳朵听到残忍的犹太人的叫喊:"把他钉死在十字架上,钉死在十字架上",还有其它许多狂妄的话语;他的眼睛看到的是犹太人的刚硬、邪恶和他母亲的极度痛苦,他的视力由于这折磨和死亡的酷烈而失去了功能;他的鼻子闻到的尽是他们嘴中呕吐到他脸上的秽物[之恶臭];他的嘴和味觉被醋和胆汁浸灌;他的整个感受力被鞭打完全伤害了:基督我们的新郎,被伤害致死,被神和所有受造者所遗弃,像块木头一样挂在十字架上死去,除了他的母亲马利亚,无人理睬,但母亲也不能帮他。

a 263 而且,基督还在他的灵魂中,从犹太人和那些杀死他的人的石头般的顽固那里,受到精神上的痛苦;这些人尽管看到了[基督行的]那些奇迹,却仍然怙恶不悛。他还为这些人的毁灭和因为他的死而要受到的惩罚而受苦,因为神要在他们的灵魂和身体上实施报复。他还更多地为他的母亲和他的门徒感受的悲伤和极度难过而受苦,他[她]们[为他的死]而遭受了极大的折磨。他还为如下这些情况受苦,即他的死对于许多人丝毫不起作用,很多人忘恩负义;不少人发恶誓去嘲弄和羞辱他,嘲弄和羞辱那位出于爱去为他[她]们而死的他。他的(人类)本性和他的较低级的理智受苦,因为神从它们那里撤走了曾经大量施予的赠品和慰藉,让它们独自处于如此这般的贫困危难之中。基督为之悲悼,说道:"我的神,我的神,你为什么离弃我?"[《马可福音》15:34]而且,我们的爱人对这一切苦难保持沉默,呼叫他的圣父:"父亲呵!赦免他们,因为他们所做的,他们不晓得。"[《路加福音》23:34]由于他[对圣父]的尊崇,他的圣父听到了他[的呼叫],因为所有那些出于无知而做了这事的人,后来都很快皈依了。

^{a 279}这就是基督的内在激情(doghen[受苦],passion)。谦卑、博爱和忍耐中的受苦受难,基督我们的新郎终生保有这三种激情,至死不移;他以(他的)正直为我们还债,慷慨地打开他的那一边。从中流出极乐之流、至福的圣礼。他在壮丽中升天,坐在仳圣父的右手,永恒地统治着。这就是我们新郎的第一种来临,完全是过去时的。

乙、我主的第二种来临
——带有新恩惠的日常出现

^{a 286}基督我们的新郎在善人中有日常的出现,这也就是说,他经常地、一再地带着恩惠和新赠予,出现在尽其所能地朝向这种来临的人中间。这里,我们不想谈一个人的第一次皈依,也不想谈他[她]从罪向德行转化时得到的第一个恩惠。我们这里想要说的是日常中新赠予和新德行的增加,以及基督我们的新郎在我们灵魂中日常的当场来临。

^{a 293}我们现在必须考虑这种来临的理由、样式和效果。它有四个理由:神的慈悲(ontfarmicheit(ontfermicheit);mercy,mercifulness)、我们的需求(nootdorfticheit;neediness)、祂的慷慨和我们的欲望(begeerlicheit(begherlijcheit);desire,yearning)。这四个原因使得德行和高贵增长。可以这么理解:当太阳(sonne

（zone）；sun）朝着处于两座高山之间的深谷照耀时，它位于天空的最高点，以便可以照到谷底，于是就发生了三件事：由于山体的反射，山谷变得更亮了；而且更温暖了；于是这山谷就变得要比平地更加肥沃。同理，当一个善人站在他[她]自身的最低处而自认渺小，认识到他[她]什么也没有，什么都不是，靠自己什么都做不成，既不（能）保持正直又不能在德行上进步，并承认他[她]常常是少德寡行的，这时，他[她]就认识到了自己的贫困和缺乏。以这种方式，他[她]造出了谦卑的山谷（dal；valley）。由于他[她]这时是谦卑的和因贫困而需求着的，还由于他[她]承认这种需求，他[她]就向神的至善和慈悲表现出他[她]的贫乏，并为之悲叹。当他[她]想到神的崇高（hoocheit（hoocheyt）；sublimity）和自己的卑微（nederheit；lowliness），他[她]就是一条深深的山谷。而那站在天穹最高处，也就是在圣父右手处的基督，是正义和慈悲的太阳，照射到谦卑之心的根底；这是因为，当这贫困之人悲叹这贫困并通过谦卑来显示它时，基督永远会被它造成的需求所打动。于是在那里就升出两座山，也就是双重的欲望：一个是通过崇拜去服侍和赞美神，另一个是在高贵（edelheit（edelheden）；nobility）中赢得德行。这两座山比天还要高，因为这两重欲望以无中介的（zonder middle；without intermediary）方式触及到神，渴望他的慷慨宽容。那慷慨不会被约束，而定会涌流（vloeyen；flow），因为灵魂那时乐意并能够接受更多的馈赠。

a [318] 这些就是解释那带着新德行的新来临的理由。于是这山谷或这谦卑的心就接受到三样东西：它被恩惠更充分地照亮，变得更光明；它被博爱更多地加热；它结出了更美味的德行和善行之果。这样一来,你也就明白了这种来临的理由、样式和效果。

这第二种来临的另外一种形式

^{a 322}基督我们的新郎在他日常的不断增加的恩惠和新赠予中的来临,还有一种,即当一个人以谦卑之心和完全服从的态度接受到圣礼时,由于他[她]的谦卑和基督在此圣礼中隐秘的内在运作,他[她]就会[进一步]接受到新的赠予(gave;gift)和更多的恩惠。而不服从或反对圣礼的态度是:在无信仰的状态中受洗礼,缺少悔罪之意地去做忏悔,带着不可饶恕之罪或邪恶意愿去(接受)圣餐,或参与其它圣礼。那些(抱着这种态度的)人不会得到新的恩惠,而是在犯更多的罪。

^{a 330}这就是基督我们的新郎的第二种来临,在日常中对我们显现。我们应该以渴望的(begherlijcker;yearning)心来思念它,以至于它能够在我们身上发生。因为,如果我们要保持正直或朝向永恒生命而行的话,就会需要它。

丙、我主在最后审判之时的第三种来临

^{a 334}第三种来临还有待于将来,它是最后审判或人死亡之时的来临。这种来临的理由是:时间的合适、缘由的妥当和审判的公正。这种来临的合适时间是死亡之际和对所有人类的最后审判。当神从无中创造灵魂并将它与身体结合时,他就设定了一个确定的时刻[来行此审判],只有他知道这个时刻,这样一个必须放弃[世间]时间而在他面前出现的时刻。所谓缘由的妥当,是指灵魂必须

在永恒真理面前陈述和回答它所做过的一切言行。审判的公正则是说，这审判和判决属于基督，因为他是人子，是圣父的智慧，一切审判都属于这智慧［参见《约翰福音》5：27］。对于这智慧而言，所有的心灵（herte［n］，heart）都是透明的、显露的，无论它们是在天堂、人间，还是地狱。所以，这三点就是［我主在］最后时日的普遍来临和每个人临死时的特殊来临的理由。

a 348基督我们的新郎和我们的最高审判者在这个审判中的方式，是按照正义的原则来奖惩，因为他按照每个人的功过①来给予［判决］。对于每一个在神中完成的善举，他就给予这个善者以一个不成比例的回报，也就是他本身，这是任何受造者（creatu［e］re；creature）都配不上的。但是由于在受造者的工作中有他的合作，这受造者凭借他的力量，就配得上这作为回报的他本身（神）了，而这也就满足了正义的原则。他给予那被诅咒者以永恒的灾难和折磨，因为他们为了暂时的好处而藐视和拒绝了永恒的善。他们［出自］自由［意愿］地从神那里离开，反对他的荣耀和意愿，并转向了诸受造者。因此他们被公正地诅咒。在这最后审判时的目击者是天使和人的良心，而反对者是地狱来的魔鬼。审判者就是基督，谁也不能欺骗他。②

五种要被审判的人

a 361五种人必须面对这个审判。第一种或最差的一种是那样

---

① 全集本中的相应英文是"His merits"，其中的"His"应该是"his"，因为这里说的不是"按照神的功过"而是"按照每个人的功过"来判决。

② Wiseman 的英译本漏译了这一段。

一些基督徒，他[她]们没有悔改和内疚地死于不可饶恕之罪，因为他[她]们蔑视基督之死和他的诸圣礼，或者徒劳无益地错误地接受了它们。他[她]们没有按照神的戒律对邻人实践博爱中的慈悲，因此他[她]们要被最深地谴责到地狱中。

a [366] 第二种是不信[基督]者，或是异教徒或是犹太人，他[她]们都必须出现在基督面前，尽管他[她]们的生活已经受到谴责，既得不到恩惠也没有神圣的爱，因此处于被谴责的永恒死亡之中。但是他[她]们将受到比邪恶的基督徒较少的折磨，因为他[她]们从神那里只接受到比较少的赠予，因而对神欠缺的忠诚就少一些。

a [371] 第三种人是善良的基督徒，他[她]们有时犯了罪，已经通过悔罪和赎罪的补偿又站了起来，但还没有完成这被正义所要求的赎罪。他[她]们属于[在其中暂时受苦的]炼狱。

a [374] 第四种人遵守了神的戒律，或者，即便他[她]们曾经违反过戒律，也以悔罪、赎罪和博爱慈悲的工作又重回到神；由于他[她]们已经完成了赎罪，所以当他[她]们离开身体之时，就不经炼狱，直接进入天堂（hemel；heaven）。

a [379] 第五种人是这样的，他[她]们超出了所有那些博爱的外在工作，在天堂中实现了他[她]们的皈依，与神结合，深浸入神中，神也在他[她]们里边，因此在他[她]们与神之间，除了时间和死亡来到[前的等待]之外，已经毫无间隔。当他[她]们被从身体释放时，就马上欣享永恒的至福。他[她]们不被审判，而是在最后的日子里，与基督一起来对其他的人们做出判决。

a [384] 到那时，所有有死的生活，所有在世间和炼狱中的暂时苦难将结束。那些被谴责者将深深沉入地狱，进到毁灭和无尽头的永恒恐怖状态之中。在一瞬间,被祝福的人们将要与基督他[她]们的新郎一起处于永恒的荣耀中,永远无限地凝视、品味和享受神圣本质的无底丰富。这就是我们都等待着的第三种来临,它还有待于在我们身上实现。

a 392 第一种来临,也就是神成为人、在谦卑中生活、在对我们的爱中而死的来临,是我们应该通过纯粹德行的行为来从外边、通过博爱和真正的谦卑来从里边追随的来临。第二种来临,即让基督那带有恩惠的来临出现在每个充满爱意的心中的来临,是我们应该渴望(begeren（begheren）;yearn)和日日为之祈祷的来临,以便我们可以保持正直并在新美德中增长。第三种来临,也就是在最后审判或在我们死亡之际的来临,是我们应该以渴望、信心和敬畏来期待的来临,它使得我们可以从这个放逐中被解脱出来,进入荣耀之殿堂。

a 400 在这三种样式中的来临,就是那四个要点中的第二个。

第三部分 "出去"

ª⁴⁰¹要知道,基督在这段[被我们关注的]话的一开始说道:"看哪",那指的是凭借博爱和纯洁的良心去看,就如同你们在上边一开始就听到了的。接着,他已经向我们显示出我们应该看到什么,即这三种来临。现在,他继续告诉我们应该做什么,于是说道:"出去"。如果你具有了第一点,在恩惠和博爱中去看,如果你正确并彻底地遵循你的榜样基督,以及他的出去[的方式],那么在你那里,出于博爱和对你新郎的充满爱意的观察,你里边就会涌出一种正直(gerechticheit(gherechticheit);righteousness),使得尔渴望去在德行中跟从他。于是基督就在你的里边说道:"出去"。

ª⁴⁰⁸这种出去必须以三种方式发生:我们必须出到神那里去,出到我们自己这里来,还要出到邻人那里去。而且,这些都必须凭借博爱和正义来做到。这是因为博爱总是奋力向上以达到神的王国,也就是神本身。又因为神乃是源头,博爱从中直接流出,通过结合之举而居住于其中。从博爱中出现的正义要将所有的行为和德行完满化,这些德行是可敬的并适合于神的王国,即灵魂。这两者,也就是博爱和正义,在神将要居住的灵魂国度中奠定下一个基础,它就是谦卑。

ª⁴¹⁷这三种德行支撑着一切德行和高贵的所有重量和大厦,

因为博爱总是将一个人保持在神的无底至善之前,从神那里开始流动,使得他[她]可以尊荣地为神而生活,保持正直,在所有德行和真正的谦卑中成长。正义将一个人保持在神的永恒真理(waerheit;truth)面前,让他[她]可以被暴露给这真理,被照亮,将所有的德行都正确地完满化。而谦卑将一个人总是保持在神的令人赞叹的壮丽之前,使得他[她]总能够取俯首谦逊的态度,把自己托付给神而完全不谋划自身。这就是一个人在神面前应取的姿态,让他[她]总可以在新的德行中成长。

甲、谦卑——众德行之基、之母

a [427] 由于我们将谦卑视为基础,我们就在这开头处先说到它。谦卑是低下和自抑,是心灵在神的伟大崇高面前的内在弯曲和屈服。正义要求这个[姿态],而凭借博爱,那饱含爱意的心就不能放弃。当这谦卑的、带着爱意的人想到,神是如此谦逊、深情和忠诚地为他[她]服务,又想到神本是如此地有力、超迈和高贵,而人是如此地贫乏、渺小和卑微,念及于此,在这谦逊的心中就对神升起一种极其巨大的尊敬和崇拜(we[e]rdicheit;worship)。于是,用一个人的所有内在和外在的工作去尊崇神,就成为谦卑的首要的和最可心的工作,博爱的最有风味的工作,正义的最适当的工作。这饱含爱意的谦卑之心既无法向神及他的高贵人性奉上充分的尊崇,又无法将它自己充分谦抑到它想要达到的程度,所以,对于这谦卑的人来说,他[她]总是在尊崇神和谦卑的服务方面缺少了什么。

a⁴⁴¹ 他[她]对于神圣的教会(kerke（kercken）；church)以及圣礼,也是谦卑的和充满尊敬的。他[她]是有节制的,无论是饮食、词语、作答、交谈、服装,还是谦逊的服务和谦卑的容貌,他[她]都是有节制的,没有虚伪和做作。他[她]在他[她]的外边实践和面对神和人类的里边的实践中,都是谦卑的,所以没有人因他[她]而受到冒犯。他[她]就是这样征服和驱除了傲慢,这所有罪恶的原因和起头。凭借着谦卑,一个人就扯碎了邪恶、犯罪和世间的圈套,就获得了内在的秩序,被置于适合于德行的状态中;天堂向他[她]打开,神愿意倾听他[她]的祈祷(g[h]ebet；pray);他[她]被恩惠充满,他[她]的基础就是基督这坚实的岩石。无论是谁,只要在谦卑中以它为德行之基,就不会犯错。

服从

a⁴⁵² 从这谦卑里生出服从,因为只有谦卑者能够做到内在的服从。服从意味着一种心灵的低俯、顺从、柔软的态度,以及对所有善事的自觉自愿。服从使一个人顺从于神的戒律、禁令和意愿。它让感官和动物性功能服从于更高的理性,于是一个人就可以活得恰当与合理。它使一个人服从神圣教会、圣礼、更佳者[高级教士],服从他[她]们的教导、指令和忠告,服从他[她]在神圣的基督教世界习惯于实践的每一种善事。它还使人按照各自的需要和辨别力,准备好去灵活地服从所有那些来自忠告、行动和服务的东西,不管它们是物质的还是精神的。它驱赶走了不服从,也就是傲慢的女儿,避之如毒物。在意愿和工作中的顺从,会丰富、扩大和显露出一个人的谦卑。它在社团中创造出和平。如果它表现在本应具有它的更出色的人那里，就会吸引他[她]下边的人；它在同辈之中保持宁静与平和；使领导和高于他[她]的喜爱他[她]；所以他[她]被神以其永恒赠礼来称赞和丰富。

放弃自己的意愿

a [470] 出自这种服从，一个人就会放弃（vertiinge（vertijnghe）；renunciation）他[她]自己的意愿（wille；will）和意见；这是因为只有服从之人才会在所有事情上为了他[她]人的意愿而放弃自己，尽管一个人也可以去完成[别人要求的]外在的工作，却仍然保留自己的意愿。放弃自己本身的意愿使得一个人无偏好地生活，不管是在做了的事上还是在没做的事上，在奇怪的实践中还是在与圣徒的教导和生活相异[的情境]之中。他[她]总是遵循真正的洞察力，按照对神的尊崇、神的戒律来生活，按照更佳者的意愿和让所有的近旁人感受到宁静的方式来生活。通过放弃自己的意愿，不论是在做了的事、忽略的事，还是忍耐着的事上，傲慢的事由和机会就都被驱除尽净，谦卑就在最大的程度上得到完满实现。这样，神就按照一个人的全部意愿而控制了他[她]，他[她]的意愿就与神的意愿合一到如此程度，以至于他[她]既不能去意愿也不能去渴望其它的东西。这个人已经摆脱了那个旧我，而成为了一个按照神的最可爱意愿被重新塑造的新人。对于这些，基督说道："虚心的人有福了，"这就是在说那些放弃了他[她]们自己意愿的人，"因为天国是他[她]们的。"[《马太福音》5:3]

耐心

^{a 486}出于意愿的放弃,就有了耐心;因为谁也做不到在所有事情上有完完全全的耐心,除了那个放弃了他[她]自己意愿的人,他[她]的意愿服从神的意愿,服从在有益、适当事情上的所有人的意愿。耐心是对于落到一个人头上的事情的安静忍耐,不管是从神来的还是从任何受造物而来的。什么事情也不能夺走有这种耐心的人的平静,不论它是尘世财物、朋友、家庭的丧失,是疾病、耻辱,生或死,还是炼狱、魔鬼和地狱,因为他[她]已经将自己托付给神的真正博爱的意愿。由于(他[她]的良心)不再为致死之罪而受责难,所以神在时间中和永恒里所要求于他[她]的,对于他[她]来讲就容易[做到]了。凭借这种耐心,他[她]还被丰富化,并获得了这样一种能力,能够抵御生气和突发的愤怒,以及那使一个人内外烦恼并遭受多种引诱的焦躁。

温顺

^{a 498}由这种耐心,就生出了温顺和仁慈(goedertier[en]heit;mercifulness),因为只有有耐心的人才能在逆境中温顺。温顺使一个人在任何情况下都能够平静和心情稳定。这温顺者很能够忍受可怕的话语、行为、表情、举动,以及所有反对他[她]和他[她]的朋友的不公正,在所有这些情况中都保持平和(vre[e]de;peace),因为温顺就意味着以平和的心境去忍受。凭借温顺,那暴躁易怒的能力就不再活动而归静,欲望的官能就被升华到德行里;认识到这种情况的理性能力就感到愉快,而品味它的良心就处于平和之

中。这是因为第二种致死之罪——生气、愤怒和不平——被驱除了，神的圣灵处于谦卑的温顺之人里边。所以基督说："温柔的人有福了，因为他[她]们必承受地土。"[《马太福音》5:5]他的意思是说：他[她]们将在宁静中获得自己的本性和地上的东西。

仁慈

a 509 仁慈或宽容出于与温顺的来源一样的基础。只有温顺的人能做到仁慈。这种仁慈使一个人在回应[别人]时，带着充满爱意的表情及和蔼的答语；对于发怒的人们，他[她]也用各种宽仁的行为来对待，希望他[她]们将会知晓他[她]们自己[的本性]并改进自己。因为亲切和仁慈，博爱就在一个人那里保持着活力和多产。充满了仁慈的心就像一盏灯（lampte；lamp），里边装满了贵重的油；这仁慈之油通过好的榜样照亮了做错事的罪者，凭借慰藉的话语和工作，它抚慰和治愈了那些心灵受到伤害、遇到麻烦和受到激怒的人们。它点燃（bernen；enflame）并鲜明地照亮了那些靠博爱之火（brant（brande）；fire）而处在德行之中的人，没有任何忌妒和恶意能触及他[她]们。

同情

a 521 从仁慈产生出同情（compassie；compassion），以及与整个人类共同忍受苦难[的心境]，因为只有仁慈者能够与全人类一起受苦。这种同情是一种心灵的内在运动（inwindich beweghen；inward movement），怜悯所有人的物质和精神上的需求。每当一个人念及如下的情况，同情就使他[她]与激情中的基督一起受苦和忍耐。这些情况是：基督受折磨的原因、方式和被遗弃；基督的爱、受到的创伤和他的温和；他的悲伤、被玷辱和高贵；他的痛苦、受辱和蒙耻；荆冠、铁钉和他的宽仁；（他）在忍耐中的丧生和死亡。这些对于基督我们的拯救者、我们的新郎所施的前所未闻的多重折磨，打动了这仁慈的人，让他[她]对于基督产生深深的同情和怜悯。

a 530 同情使一个人观察他[她]自己并注意到他[她]的各种缺点，他[她]的缺少德行和对神的尊崇，（他[她]的）半心半意和懒惰，缺陷的多种多样，浪费时日，当下也没有做什么美德和完全的善行。这使得一个人在合理的同情中为自己感到遗憾。

a 534 而且，同情让他[她]注意到人们是如何犯错和迷失的，他[她]们对于他[她]们的神和自身的至福是如何地不加注意，对于神为他[她]们做的所有善事，对于基督受到的所有折磨，是如何地不知感恩。对于德行，他[她]们是不去实行和经验的陌生人，（但是）在所有的邪恶和不义之事上，（他[她]们）却是既机灵又精巧；他[她]们小心地注意尘世之物的得失，（却）对神和永恒之事及其带来的永恒至福不注意、不留心。这种思考在一个善人那里产生要拯救全人类（menschen；mankind）的巨大同情。

a 542 一个人也应该怜悯地注意到他[她]邻人的物质需要，以及（人类）本性中的多重痛苦。当一个人想到人们的饥饿、干渴、寒冷、裸露、疾病、贫穷、[受]轻蔑，多种贫穷的压迫，失去家人、朋友、财物、名誉和平静的悲痛，（或）无穷多的落在人类本性之上的重负，他[她]就会被打动而产生同情，他[她]就与所有人一起受苦。但是他[她]的最大痛苦（dog[h]en；suffering）是因为：人们在遭受不幸时的焦躁,失去他[她]们[本该得到]的报偿,甚至常常达到该下地狱的程度。这就是同情和怜悯的运作。

ᵃ ⁵⁵⁰ 这种同情和共通之爱的运作,征服了和驱除了第三种致死之罪,即仇恨和妒忌。因为同情是这样一种心灵上被撕裂的伤口(quetsure;laceration),它将爱共通地给予所有人,只要还有德行活在一个人心里,这伤口就不会痊愈,因为神在一切(其它)德行之上单独地支配着同情,让同情者总有难过和悲痛。所以基督说:"哀恸的人有福了,因为他[她]们必得安慰。"[《马太福音》5:4]他[她]们将在那样的时刻,即当他[她]们通过同情,通过与人一起受苦,喜悦地收获他[她]们今天在悲痛中播种的东西的时刻,而获得安慰。

慷慨

ᵃ ⁵⁵⁸ 从这种同情中,出现了慷慨(mildheit (meltheit);generosity),因为只有宽恕者能够超自然地慷慨,在共通的忠诚和仁慈中显出的慷慨;即便一个人完全可以对某些特殊的人表现出慷慨,(但是)这却并不是出于博爱和超自然的慷慨。慷慨是心灵被博爱和怜悯所推动(bewegen (beweeghet);move)而产生的那种不拘一格的流淌。当一个人带着同情想到基督所受的苦楚和折磨,就由此而涌出慷慨;而这慷慨就使得他[她]为了基督受到的痛苦和对人的爱,去赞美、感谢、尊崇和信仰基督,同时产生谦卑的服从,也就是那在时间中和永恒中的灵魂和身体的谦卑服从。当一个人带着同情想到他[她]自己,怜悯他[她]自己,(观察到)神对于他[她]行的善,以及他[她]自己的短处,他[她]就会带着要永远服侍神的完全自由的意愿,畅游在神的慷慨、恩惠、忠诚和帮助中。此慷慨者想到人类的愚蠢、错误和不义,就渴望神,并以内在的信心来向神祈祷,祈求神的神圣赠品涌现,神对一切人的慷慨被实践,从而使所有的人们可以认识神,转向真理。这个慷慨的人还在同情中想到所有人的身体需要:[所以]他[她]服侍,他[她]给予,他[她]出借,他[她]按照人们的需要和他[她]自己的能力和辨别力来安慰每一个人。凭借这种慷慨,人们就习惯于实践七种慈善的工作:富人通过他[她]们的服务和财力,穷人凭借他[她]们的善意,凭借他[她]们一旦有办法就会乐于行之的真实心态。就这样,慷慨的德行得以实现。

a 579 通过这扎根深厚的慷慨,所有的德行都得到增加,所有的灵魂能力都被富集,因为慷慨的人总是精神愉悦、心灵无忧和充满渴望的,在德行之举中朝向所有的人。那慷慨的和不爱恋尘世之物的人,无论多么贫穷,却像神一样,因为他[她]的所有内心和感情完全是流出的和给予的。因此他[她]驱走了第四种致死之罪,即吝啬和贪婪。基督对此这么说道:"怜恤的人有福了,因为他[她]们必蒙怜恤。"[《马太福音》5:7]这将发生在那个日子,当他[她]们听到一个声音说:"你们这蒙我父赐福的,可来承受那创世以来为你们所预备的国。"[《马太福音》25:34]

热情

a 589 从这慷慨里,涌现出超自然的热情(er[e]nst;zeal)和对于所有德行、所有得体行为的勤奋[践行]。唯有热烈的、慷慨的人会感到这种热情。这是一种内在的和不平息的冲动(drift(dreft);

drive），朝向所有德行、朝向基督及其圣徒的榜样。在此热情中，一个人渴望将（他[她]的）心灵和感觉、灵魂和身体，以及所有他[她]所是的、他[她]所有的和他[她]可能得到的，都用来荣耀神、赞美神。这热情使一个人在理性和辨别力（besceidenheit（bescheedenheyden）; discernment）中保持警觉，在正义中用身体和灵魂来实践德行。凭借这超自然的热情，所有的灵魂力量都向神开放，都朝向所有的德行。良心感到愉悦，神的恩惠增加，德行在渴望和快乐中得到实践，外边的工作也被丰富化了。从神那里得到了这种活生生热情的人，就摆脱了第五种致死之罪，即灵魂的懒惰和对于德行的反感，而这德行正是他[她]所需要的。这种活的热情有时还驱走了身体性的惰性和懒散。关于它们，基督说道："饥渴慕义的人有福了，因为他[她]们必得饱足。"[《马太福音》5:6] 这也就是说，当神的荣耀被透露给他[她]们，每个人都按照他[她]所具有的爱和正义的程度而被充满。

节制和清醒

a 606 从这热情中流出里边和外边的节制和适中（soberheit; temperance），因为没有谁能够适中地保持完全的正确尺度，除非他[她]特别热心和热情地在正义中保护灵魂和身体。节制让更高的能力和动物性的能力不陷入无度和过分；[因此]节制[者]既不希望去品味也不希望去知道那些不被允许的事情。

a 610 神的崇高和不可理解的本性超越天地间的所有被造者，因为所有被造者所理解的只是被造者，而神却超出一切被造者，既在一切被造者之外，又在它们之内。所有被造的概念式理解（ghescapen begrijp；created comprehension，created concept），对于理解神都是太狭隘了。然而，如果这被造者真的理解、明了和品味到了神，那么它就一定会被拔高到超出自己，进入到神之中，通过神来理解神。因此，谁想要知晓神是什么，想要通过研究去测量神的深度，去做那不合法之事，他[她]就会变得疯狂。要看到，一切被造者之光都因此而不能知晓神是什么。神之所是超越一切被造者。但（事实上）神之所是或神的存在，又被自然、圣典和所有被造者所证实。人应该相信信仰之条款而不企图去知晓它们，因为只要我们还处在这里（低处），就不可能做到这一点。这就是节制。圣灵[感动中]所写圣典里隐藏的微妙学说，不应该以一种与基督及其圣徒的生活不合的方式来解释和了解。一个人应该思考自然、圣典和所有的被造物，从中获得有益于他[她]的东西，但不会更多：这就是精神上的节制。

a 626 一个人应该保持感官的节制，用理性控制自己的动物性能力，使得那些动物性欲望不被饮食的滋味带得太远；他[她]倒是应该像病人吃药般地取用饮食，只为了维持他[她]的体力，以便能服侍神。一个人应该在言词、行为、沉默、说话、饮食、动作、省略中，按照神圣教会的习俗和圣徒们的榜样，保持礼仪和尺度。

a 632 凭借内在精神的自我控制和节制，一个人保持信仰的稳固和坚定、理智的纯净、理性的安宁，以便领会真理，还保持了按照神的意愿朝向所有德行的趋势、心灵的平安和良知的自由。与此一道，他[她]拥有了在神里边和在他[她]自身里边的持续安宁。凭借对于他[她]的身体外感官的自我控制和节制，一个人就经常保持了他[她]的身体的健全和平静、他[她]的外在交往的正直，以及他[她]的名声的尊荣。于是他[她]具有了自身的内在平和以及与邻居之间的平和,因为他[她]凭借自我控制和节制吸引和满足了所有具有善良意愿的人,并摆脱了第六种致死之罪,也就是无自我控制和暴饮暴食。关于这些[有节制的]人,基督说道:"使人和睦的人有福了,因为他[她]们必称为上帝的儿子。"[《马太福音》5:9]这是由于他[她]们就像圣子[基督],在所有向往和平的被造者那里造就出和平。那些通过自我控制和节制来造成和平的人们,基督会与他[她]们分享圣父的遗产:他[她]们将与基督一起在永恒中拥有它。

纯洁

a 647 从这种节制中出现了灵魂和身体的纯洁(reinicheit(rey-nicheit);purity),因为只有身体和灵魂的节制者能够在身体和灵魂中是完全纯洁的。纯洁意味着一个人不去带着享乐倾向依附任何被造者,而是只去依附神;因为人应该使用所有的被造者,而欣享神。

a 650 精神的纯洁使得一个人依附于神,超出理解、感情和一切神可能注入灵魂的赠品,因为他[她]要超越被造者的理解力(verstaen;understanding)、感觉所接受的一切东西,而安止(rusten;rest)于神之中。一个人去行圣餐桌上的圣礼,不应该是出于[对]欲望、满足、平和、幸福、甜蜜[的追求],不是出于任何其它的动机,而只是为了荣耀神和所有德行的增长。这就是精神上的纯洁。心灵的纯洁意味着,面对每个身体上的诱惑或自然倾向,一个人凭借他[她]意愿的自由和新鲜的信心,以新的忠诚和要永远与神同在的强烈意愿，毫不犹豫地转向神；因为同意犯罪或追随身体性的动物欲望，就意味着离开神。身体的纯洁意味着，一个人远离、拒绝不贞洁的行为，无论这些行为以什么形式存在，也无论他[她]的良心以什么方式向他[她]表示和证实，这些行为会是不贞洁的和对抗神的戒律、荣耀及意愿的。

a 666 凭借这三种纯洁的样式，人就克服和消除了第七种致死之罪，即让人离开神而朝向被创造者的精神倾向，神圣教会所不允许的不贞洁的身体行为，以及为了不管哪种被造者而耽溺于趣味或欲望的心灵执着。我这里不是指喜好或欲望的瞬间发作，这种情况无人可免。

a 671 现在你应该知道了，精神的纯洁使一个人保持了与神的相似，不受被造者搅扰，倾向神乃至与神结合。身体的纯洁可以比作百合花（lelie；lily）的洁白以及天使的纯洁；在抵抗（引诱）中，（这纯洁可以比作）玫瑰（rose；rose）的红色和烈士们的崇高。当一个人出于对神的爱，为了荣耀神而行此纯洁时，这纯洁就是完全的，我们将它比作向日葵（goutbloeme；sunflower）。因为这纯洁乃是本性的最高卓越性中的一种。心灵的纯洁引起神恩的更新和增长。在心灵的纯洁中，所有的德行都被孕育、实践和维持。心灵的纯洁警惕和保卫着外在的感觉，控制和约束着内在的动物性欲望。心灵的纯洁是一个人所有内在性的丰富化（sierheit（cierheyt）；enrichment），又是心灵抵御世俗之物和所有陷溺倾向的护卫圈，使人向天界的东西和一切真理敞开。所以基督说："清心的人有福了，因为他[她]们必得见神。"[《马太福音》5:8]我们永恒的欢乐、一切回报和至福的获得，都在于此"见"。所以，一个人在所有事情中都应该是节制的和自我控制的,抵御所有的违逆和所有那些让灵魂的或身体的纯洁可能被污染的机会。

乙、正义是实践德行的一件武器

a 687 如果我们希望拥有这些德行,驱走它们的对立者,我们就必须具有正义,必须在心灵的纯洁中实现和维持它,直到我们去世之日;因为我们有三个强大的对手,它们在一切时间和地点,以许多种方式来引诱和进攻我们。如果我们与这三者之中的任何一个停战并服从它,那么我们就会被征服,因为它们共谋旁通,导致所有的混乱。这三个对手是:魔鬼、世界和我们自己的肉身;这肉身离我们最近,经常是最狡猾、能造成最大的损害的,因为我们的动物性欲望是我们的敌人用来与我们战斗的武器。这种争斗的原因和场合是懒惰,缺乏对德行及神的荣耀的热情;而我们的敌人常常用来伤害——有时是征服——我们的利剑,是本性的弱化、草率和对真理的无知。

a 698 因此,我们必须在我们内部造成一个区分,分成两边;也就是说,我们必须通过苦行和生活的严酷,来憎恶、压制和惩罚我们自身中的低级部分,这部分是动物性的,反对我们的德行,要将我们与神分开;这样做是为了让这一部分总能得到控制,服从理性,以便让那与心灵纯洁在一起的正义,可以在所有德行工作中占上风。对于所有那些神让反对德行者施加于我们的痛苦和迫害,我们应该为了荣耀神和荣耀德行而高兴地忍受,以便去获得正义并在心灵的纯洁中来拥有它;因为基督说了:"为义受逼迫的人有福了，因为天国是他[她]们的。"[《马太福音》5:10]这是由于，当正义通过受苦和德行之举而得以维持时，那就是这样的一笔小钱，其价值与神的国度、与人用来获得永恒生命的东西是一样的。

a 710 凭借这些德行，一个人就在善举、德行和正义中，走出去达到神、自身和他[她]的邻人。

丙、灵魂是博爱王冠下的王国

a 713 无论是谁，只要他[她]想获得和保有这些德行或美德，就应该像对待一个王国那样地去浓聚、拥有和统治他[她]的灵魂。在此灵魂[王国]中的国王（coninc；king）是自由意愿，它凭借其本性就是自由的，并且凭借[神的]恩惠而变得更加自由。它应该用一顶叫作博爱的王冠来加冕。一个人应该是从帝王，也就是主、统治者和众王之王那里来绝对合法地接受、拥有、统治和保持这王冠和王国。这个国王，即自由意愿，应该住在此王国的首都，也就是灵魂的渴望功能中。他[她]应该穿上一件两种颜色的盛装。它的右边是这样的：凭借被叫作坚韧的神圣赠品，他[她]可以强壮和有力地去克服所有的阻碍，在天堂或至高帝王的宫殿中行走，面对至上王，在深情（liefden；affection）和投入的渴望中低下他[她]那戴着王冠的头行礼。那是适合于博爱的工作，凭借它一个人接受了王冠，充实了这王冠，维护了这王国，并在永恒中拥有它。这件盛装的左边则应该是被称作道德坚毅的主德行。凭借它，这个国王或自由意愿应该抑制住不得体的举动，实现所有德行，并且直到他

[她]的死亡时都有力地拥有这个王国。

　　ᵃ ⁷²⁸这位国王应该选择国土中的最智慧者来做他[她]王国中的顾问。它们应该是两个神圣的德行或美德，即被神的恩惠之光所照亮的知识（conste；knowledge）和辨别力。它们应该住在靠近国王的一个宫殿中，此宫殿叫作灵魂的理性能力。它们应该穿戴上叫作自我控制的道德德行[的服装]，使得无论这国王做什么或不做什么，总是按照[顾问的]忠告来行。凭借知识，良心应该清除掉它的所有缺点，并被各种德行所充实；而凭借辨别力，一个人就应该[能够]按照知识和辨别能力来给予和获取、有为和无为、沉默和言说、禁食和取食、倾听和回答，穿着那被称作节制或自我控制的道德德行之衣。

　　ᵃ ⁷³⁷这位自由意愿之王，还应该在他[她]的王国中任命一位法官，也就是正义。当它源自爱的时候，就是一种神圣的德行，也是最高的道德德行。这位法官应该居住在心里，也就是王国的中心，并就在易怒的官能里。他[她]应该被那叫作谨慎的道德德行所充实，因为正义如果没有谨慎就不能被完成。这位正义的法官应该具有国王的威力和统治权，凭借顾问们的智慧和他[她]自己的谨慎，在整个王国内循行。他[她]将立法和废除[不适用的]法律、谴责和宣判、处死和赦免、致盲和复明、抬高和贬低，把一切事情都办得公公正正，鞭笞、惩罚和指责一切邪恶。

　　ᵃ ⁷⁴⁷这王国中的普通民众，也就是灵魂的所有那些能力，应该都被置于谦卑和神圣的恐惧之中，服从神和所有德行，每种官能都各就各位地正当运作。

　　ᵃ ⁷⁵⁰如此这般地拥有和维护他[她]的灵魂王国，人就使这王国具有秩序,带着爱和德行走出去达到神、自身和邻人。这就是四个要点中的第三个。

第四部分 "去迎接他"

　　a 753 当一个人凭借神的恩惠而看，具有纯粹的良心，想到基督我们的新郎的三种来临，并凭借德行走了出去时，接下来，就要迎接我们的新郎，这就是第四点，也就是最后的那个要点。在这个迎接或相遇中，有着我们所有的至福，以及所有德行的开端和结束；没有这个迎接，就实现不了任何德行。任何人只要想去迎接基督，他[她]所爱的新郎，并想要在基督里边和凭借基督去获得永恒的生命，现在就必须在时间中的三个点上或以三种方式来迎接基督。第一点是，他[她]必须在所有使他[她]配得上永恒生命的事情的意向（menen（meynen[专注], meninge）；intend（intension））中都拥有神。因此，第二点是，他[她]不应该将任何他[她]所意向的和喜爱的事情置于神之上或与神相当的地位。第三点，他[她]应该带着一切激情安止于神之中，超出所有的被造者和神的所有赠品，超出所有的德行工作，还要超出所有那些可能会被神注入灵魂和身体的感情。

甲、第一种方式：在所有关乎我们拯救之事的意向中朝向神

a 766 要知道，为了专注于或意向于神，他［她］必须使神在某个神圣方面当场呈现；那就意味着只专注于神本身，即天地之主和所有被造者之主，他为了人而死，能够赐予而且想要赐予永恒的至福。人无论通过什么样式和名字来表象神为所有被造者之主，他［她］总是对的。如果他［她］在神圣本性的根基（gront（gronde）; ground）处和壮丽中来思考任何神圣位格（godlijcken person; divine Persion），他［她］总是对的。如果他［她］将神想作拯救者、救世主、创造者、统治者、至福、壮丽（moghentheit; majesty）、智慧、真理、至善，而且都在神圣本性的深不可测的（grondeloos; fathomless）向度里来做此思想，他［她］这么做也是对的。虽然我们归给神的名字有许多，但神的崇高本性是一个朴素的统一体（een eenvuldich een; a simple unity），对于它，受造者们无以名之。但是，由于神的不可把捉的高贵和崇高，由于我们既不能命名他，也不能用语词来表达他，我们就赋予了他这些名字。这就是我们应该如何让神呈现于我们的意向中的方式和科学，要知道，专注于或意向于神就意味着去从精神上看到神。爱和深情也属于这种意向，因为没有深情地去知晓和看见神就没有滋味（smake（smaect）; savor, taste），也没有帮助和益处。这就是为什么一个人应该在他［她］的所有工作中通过爱来趋向神——他［她］专注着的、超出所有事物而热爱着的神——的原因。此即通过意向和热

爱来迎接神的含义。

a 783 如果这罪者希望在恭顺的忏悔中摆脱他[她]的罪,他[她]就必须凭借悔罪、自由的皈依以及从此去服侍神并绝不再犯罪的正直意向来迎接神。于是在此迎接之中,靠神的仁慈,他[她]就接受了对于永恒至福的明确信心和对于他[她]的罪的宽恕。他[她]还接受了所有德行的基础:信仰、希望和爱,以及对所有德行的欣然乐意。

a 789 如果此人想要在信仰之光中进步,如果此人观想基督的所有工作、他所经历的一切、他为我们所做的、他许诺给我们并将要为我们做的,一直到最后审判之日乃至永恒——如果此人去思念这些直到推进了他[她]的拯救,那么他[她]就必再次迎接到基督,并通过对基督带来的一切赠品、对基督已经做的和将要在永恒中做的充满感恩、赞美和尊崇,他[她]就必使得基督当场呈现。于是他[她]的信仰就会被加强,他[她]就变得更加内在和更加具有朝向所有德行的动力。

a 796 为了在德行之举中取得进步,他[她]还必须通过放弃自我来迎接基督,这样一来,他[她]就既不会去寻求他[她]自己,也不提出任何歧异的动机,但他[她]可以在他的一切工作中[同时]富于辨别能力,并在所有事情上专注于神,专注于对神的赞美和尊崇,将这(一切)都完成,直到他[她]逝世之时。于是他[她]的理性将会被照亮,博爱将会被增加,他[她]就将变得更加投入和趋向所有的德行。

乙、第二种方式：不要专注于任何与神同等的其它目标

a 803 我们应该在所有的善良工作中专注于神；在邪恶的工作中，不会有这种专注。我们不应该在我们的意向中建立两个目标，即专注于神并专注于此外的其它的什么，而是（应该）让我们意向到的一切，包括那外加的，都从属于神，不反对神；让一切都有[尊卑]次序，有帮助、有益处，更好地汇聚到神那里。这么做的话，一个人就总是对的。

丙、第三种方式：安止于那超出所有被造者的神

a 809 我们还应该安止到并安止于这个唯一者（ghenen；One）之中，这个被我们意向和热爱的唯一者里，而不是安止于他送给我们的所有信使，也就是他的种种赠品里。灵魂还应该安止于神之中，超出它[即灵魂]通过其信使所能发送的一切财富和礼物。灵魂的信使是意向、爱和欲望；它们承担着所有善良的工作和所有对神的贞德。高于这一切，这灵魂应该安止于它所热爱者，那超出了所有多样性的爱人。

a 814 这就是我们应该凭借正直的意向，在我们所有的生活、工作和德行中，来迎接神的态度和样式，它使我们可以在自己死亡（doot；death）之时，沐浴着荣耀（glorie；glory）之光地迎接他。你

刚刚听到的这种态度和样式,我们称之为行动着的生活。这种生活对于所有人[包括达到最高沉思境界的人]都是必要的;至少,人们不应该在生活中反对任何德行,即便他[她]们不能完美地获得所有的德行,因为反对德行的生活就是活在罪中,还因为基督说过:"不与我相合的,就是敌我的。"[《路加福音》11:23]不谦卑的人就是骄傲的,而骄傲者、不谦卑者就不属于神。同样,就所有[其它]的罪行和所有[其它]的德行而言,一个人也一定或是拥有德行并在恩惠中,或是(拥有)其反面并在罪中。让每个人审查他[她]自己,并且按照这里所显示的[道理]来生活吧。

丁、从行动着的生活向内在的生活转移

a 826 此人如此这般地生活在完善之中,将他[她]的全部生活和工作都献给神的荣耀和对神的赞美,并专注于神,爱神胜于一切;如果他[她]是这样的,那么他[她]就会在他[她]要去看、去知道、去理解谁是这位新郎,也就是基督的欲望中,被频繁地触动。正是这位新郎,为了[拯救]此人的缘故而成为人,并在爱中努力直到死去;他逐出此人身上的罪和魔鬼,将他自己和他的恩惠注入此人,并将他的圣礼留给此人,将他的王国和他本身作为永恒的报酬许诺给此人;(他还给予了此人)身体的营养、内心的安慰和甜蜜,并按照所需的每种样式而赐予无数的赠品。

a 834 当一个人念及于此,他[她]就被彻底打动,要去看到并知道在其自身中的基督他[她]的新郎;即便他[她]在基督的工作中知道了基督,他[她]仍然认为这是不够的。因此,他[她]就应该做那

个想要看见基督并知道基督是谁的税吏长撒该（Zacheus；Zacchaeus）所做的事[参见《路加福音》19：1-10]。① 他[她]应该跑到整个人群也就是被造者的多重性之前，这些多重性使我们变得矮小，从而看不到神。他[她]应该爬上信仰之树，此树是从上往下生长的，因为它的根子扎在神性中。此树有十二条枝干，也就是十二条款。最低的那些言及神的人性，涉及我们灵魂和身体中的至福。这棵树的顶端则言及神性，言及神的本性纯一和位格的三重[三位一体之说]。正是为了此纯一性或单一性（eenheit；oneness），一个人应该紧紧地握住此树的顶端，因为基督带着他的所有赠品必定经过的乃是这里。

  a 846基督来到这里，看到此人并对在信仰之光中的他[她]发话：(告诉他[她])按照基督的神性，基督[对于人]是无公度的（ong[h]emeten；incommensurable）、不可把捉的（onbegripelijc；incomprehensible）、不可及的（ontoegankelijc；inaccessible）和不可测度的（afgrondich；unfathomable），超出所有的被造之光和所有有限的理解。这是一个人在其行动的生活中对于神所能得到的最高知识；也就是，他[她]认识到在信仰之光里，神是不可把捉的和不可知的（onbekenlijc；unknowable）。在此光亮里，基督对那个人的渴望说道："快下来，今天我必住在你家里。"[《路加福音》19：5]

---

  ① 《路加福音》19：1-6："耶稣进了耶利哥，正经过的时候，有一个人名叫撒该，作税吏长，是个财主。他要看看耶稣是怎样的人；只因人多，他的身量又矮，所以不得看见。就跑到前头，爬上桑树，要看耶稣，因为耶稣必从那里经过。耶稣到了那里，抬头一看，对他说：'撒该！快下来，今天我必住在你家里。'他就急忙下来，欢欢喜喜的接待耶稣。"（和合本）

这个急速的下降，不是别的，就是凭借渴望和热爱向下流入神性的深渊，没有[通常的]理解可以在被造之光中到达那里。然而，理智外在之处，渴望和热爱却入其内。

　　a 856 当灵魂这样通过热爱和意向趋向于神，也就是那超出了一切它所理解者的神之时，就会出现这样的情况：它安止和居住于神之中，而神也安止和居住于它之中。当此灵魂凭借渴望攀爬到高出被造物的多重性和感官的活动性之上，它就会在信仰之光中迎接神。它被照亮，并且认识到神是不可知晓的和不可把捉的。当它通过渴望趋向于那不可把捉的神之时，它就遇到了或迎接到了基督，并且被他的赠品充满。当它超出了所有的赠品、它自身和被造者，而热爱和安止之时，它就居住在神里边，神也居住在它里边。这就是我们应该如何在行动生活的最高（点）来迎接基督的方式。

　　a 865 如果你已经将正义、博爱和谦卑当作了基础，如果你已经将你的居所——即那些已经被显示于此的德行——建造于其上；如果你已经凭借信仰、意向和爱迎接了基督，那么，你就居住在神之中，神也居住在你之中，你也就拥有了一个行动着的生活。而这就是我们想要说的第一件（事）。

第 二 篇

內在的生活

^{b 1}这位审慎的女仆，也就是一个纯洁的灵魂，放弃了世俗之物，在德行中为了神而生活，已经在她的心灵容器中注入了博爱之油和美德之行，并携带着一盏无瑕疵的良心之灯；但是，当基督这位新郎延迟了慰藉和新恩惠[的赐予]，此灵魂就变得昏昏欲睡、困乏不堪和迟钝枯燥。半夜里，也就是人们最少期盼和等待这位新郎的来临时，在灵魂中产生了一个精神的呼叫："看哪，新郎来了，出去迎接他。"我们将要说到的，就是这个看、基督的内在来临，以及一个人从精神上出去迎接基督[的方式和含义]；（我们将要）阐述和解释这四点，涉及的是内在的（innich, inner）和渴盼着的实践（oefeninge, practice），许多人通过道德德行和内心热情达到了它。

^{b 12}用这些话，基督教导了我们四件事。第一，他希望我们的理智被超自然的清澈（claerheit; clarity）所照亮；这就是我们在他说的"看哪"这个词中所观察到的意思。第二，他向我们显示，我们应该看到的是什么，这就是我们新郎的内在来临或永恒的真理。那也就是他说"新郎来了"时我们所理解到的。第三，他命令我们按照正义而在内心实践中走出去，所以他说："出去。"第四，他向我们表明所有这些行为的目的和理由，即在神性的可欣享[成果]的统一（e[e]nicheit, unity）中迎接我们的新郎基督。

第一部分 "看哪"

甲、看的三个必要条件

[b 21] 现在来看第一点。基督说:"看哪。"一个人要在内在实践中超自然地看,要满足三个必要条件。第一个是神的恩惠之光,出现在比人的外向行动生活[中的恩惠之光还要]更高的样式里,[因为]这种外向行动生活缺少内在的热情。第二个条件是去掉异己的意象和心灵的忙碌,使得这个人从所有所造者中脱离开来,不再被形象纠缠,超然而又空虚(ledich;empty)。第三个条件是意愿的自由皈依,也就是凭借所有身体和精神官能的会聚,脱开一切混乱的感情,流入神的统一和心灵的统一,让这位理性的受造者可以超自然地得到和拥有神的崇高统一。这就是神创造天地和所有事物的原因,是神成为人并且教导我们、与我们生活在一起的原因;他本身就是进入统一之路。他在[对人的]爱的耦合中死去并升天,向我们开启出同样的统一性,在其中我们能够拥有永恒的至福。

乙、在我们内部的自然的和超自然的三重统一

自然拥有的三重统一

ᵇ³⁵ 现在要特别地注意：我们在所有人那里都发现了自然的统一，而在善人那里还有超自然的统一。首先的而且是最高的统一处于神里边，因为所有的受造者都通过（他［她］们的）存在、生命和生存之道而悬挂（hangen；hang）在这个统一之中。如果他［她］们在这个意义上割断与神的联系，那么他［她］们就会落入虚无并被毁灭。从本性上讲，这个统一就必定在我们之中，不管我们是善还是恶；没有我们的努力，它既不会使我们圣洁也不会让我们蒙恩。我们在自身中、实际上是超出我们自身地拥有这种统一，以作为我们存在和生命的原则和支持。

ᵇ⁴² 第二种结合或统一，即更高官能的统一，也是通过本性而存在于我们里边；从那里这些官能得以自然地出现：在这精神（g[h]eest[s]，spirit）和心智（g[h]edachte[n]，mind）的统一中活动。这也还是那个悬挂在神里边的统一，只不过在这里被看作是活动着的，而前者被看作是本质性的。不管怎么说，这精神按照它实体性的全体而言，完全存在于每一种统一里。我们在我们自身中拥有这种统一，超出感官知觉，因此而有记忆、理智、意愿和精神活动的每一种官能。在这种统一中，我们称灵魂为"精神"。

ᵇ⁵⁰ 第三种在我们这里的自然统一，是统一于心灵的身体诸官

能的领域,即身体生命的开头和起源处。灵魂(ziele,soul)在身体和心灵的自然元气中拥有这种统一,从中流出了身体的活动和五种感官。因此,灵魂在这里就被称作"灵魂",因为它是身体的形式,使身体有生气,也就是说,它使得身体成为一个活着的(levende,living)东西并维持其活力。

b 55 这三种统一都自然而然地存在于我们之中,构成了一个生命和国度。在最低(层次)处,我们是感性的和动物性的;在中间(的层次上),我们是理性的和精神的;在最高(层次)处,我们的[生存]本质得以保持。这一情况自然地存在于所有人那里。

在行动着的生活中,对这些统一的超自然拥有

b 59 这三种统一作为一个国度和一个永恒的住所,通过在博爱中的道德德行和一种行动着的生活,而被超自然地丰富化和拥有。而通过那加入到行动生活中来的内在实践,(那个领域)就被更加丰富化和更加高尚地拥有。

b 62 最低的身体性的统一得到超自然的丰富化并被拥有的方式,是通过基督及其圣徒式的完满行为中的外向实践,也就是与基督一起背负十字架,让(人类)本性按照我们本性的强度和我们的辨别能力,来服从神圣教会的戒律和圣徒的教诲。第二种统一是在精神中的并且是完全精神化的统一,丰富它和超自然地拥有它的途径是三种神圣的德行——信仰、希望和爱,乃至神的赠品的涌入和朝向所有德行的欢欣乐意,为的是去追随基督和神圣基督教世界的榜样。第三种也就是最后的统一超出了我们理智的把握,但(它)也还是存在于我们的本质里。当我们在自己的所有德行工作中专注于赞美神及其光荣，并在意向之上、我们自己之上和所有事物之上安止于神，我们就超自然地拥有了它。从这样的一种统一里，我们以创造性的方式涌出，在其中保持自己的本质，并且通过博爱而充满爱意地回到它。这就是在行动着的生活里促进这三种统一的德行。

为了在内在生活中超自然地拥有这些统一而做的准备

b 79 现在让我们来进一步谈论，这三种统一如何通过那加入到行动生活中的内在实践，而被更卓越地丰富化和更高尚地拥有。无论何时，只要一个人通过博爱和向上的意向，在他[她]所有的工作和生活中投身于荣耀神、赞美神，并且在超出一切事物的神中寻求安止，那么，凭借耐心和充满信心的希望，并且在谦卑和自我放弃里，他[她]就应该总是等待着新的[精神]财富和赠品，[但又]不关心神是否会赐予它们。以这种方式，一个人就创造出了接受这内在的、渴望着的生活的条件和态度。当器皿准备好了，崇高的酒浆（licoor（licore）; liquor）就涌进去。没有任何器皿比充满爱意的灵魂更崇高，没有哪种饮料比神的恩惠更有益。因此，一个人应当将他[她]的所有工作和所有生活都在简朴的向上意向中奉献给神，并且在意向、他[她]自己和所有事物之上，安止于那种让神和爱的精神无中介（middle（middle），intermediary）地结合起来的崇高统一里。

丙、在最高统一中出现的启明

ᵇ⁹³从这种精神与神无中介地结合的统一中，流出了恩惠和所有的赠品。出于这同样的统一，在其中精神超出自身而安止于神，基督这永恒的真理说道："看哪，新郎来了，出去迎接他。"作为真理之光的基督说："看哪。"因为正是通过他，我们才能看见，因为他是圣父之光，没有他，天堂中和地面上就没有光。基督在我们里边说的这个话，不是别的，正是他的光和他的恩惠的流入。这恩惠在我们更高官能与我们精神的统一中注入我们，从那里，凭借恩惠的力量，这些更高的官能以行动的方式流出来，注入到所有的德行中，以及它们在爱的联系中所再次返回的同一个（统一）里。在这个统一里，有着一切受造行动——不管是自然的还是超自然的——的力量、开始和终结；称其为受造的行动，是因为它以受造的方式、凭借恩惠和神圣赠品以及受造者们自己的力量而被造就。因此，神在[人的]更高官能的统一里赐予他的恩惠，以便那个人总可以通过恩惠的力量、财富和推动来实践德行；因为神赐予恩惠是为了（让我们）去工作，而在所有恩惠之上赐予他本身，则是为了（让我们）欣享和安止。我们精神上的统一是我们在神圣的和平和博爱的丰盛中居住的地方；处于多样性之中的一切德行都在其中系泊，并且就生活在这种精神的单纯性（simpelheit，simplicity）之中。而且，源于神的恩惠乃是圣灵的内在推动或刺激，这圣灵从内部推动我们的精神，促使它朝向所有的德行。这种恩惠从内部而非外部来流淌，因为神比我们自身还更内在于我们，他在我们内部的自然的或超自然的内在推动或运作，比我们自己的工作离我们还要更切近、更内在。因此，神是从内向外地在我们里边运作，而所有的受造者们则是从外向内地运作。这就是为什么恩惠、所有神圣赠品和神在[我们]内部的发话，都在我们的精神统一中从内而来，而不是通过感觉图象在想象中从外边而来。

丁、得到这种启明的必要条件

b 120 现在基督在一个献身（于他）的人里边从精神上说道："看哪。"就如我以前说过的，有三点[或三个必要条件]使得一个人在内在的实践(innigher oefeninghen; inner practice)中看到[新郎的来临]。第一点是神恩或神的恩惠的内在照明。灵魂中的神恩就像一只灯笼(lanterne; lantern)或一个玻璃器皿(vat; vessel)中的火烛，它通过这器皿，也就是善人，放出温暖、光亮和闪光。它向那心中有它的人呈现，如果他[她]以一种内在的方式观察或观想他[她]自己，而它也通过他[她]或他[她]的德行和善举，呈现给其他人。神恩的内在闪光突然从内部扰动(roeren (ruert)[触动]; stir)和打动(bewegen (beweeghet); move (moves))了一个人，这快速的运动或打动就是那使我们看见的第一点。从这个神行的快速运动，就出来了第二点，它关系到人的这一边，也就是说，在精神的统一中、在爱的耦合里的所有官能的集合。第三点是自由，以便一个人能够无象[无外意象]无碍地转向他[她]自己的内部，只要他[她]愿意，只要他[她]想到他[她]的神，就可以随时（随地）转向内在自身。也就是说，一个人（可以）不被祸福、得失、荣辱、外在牵挂、快乐和恐惧所搅扰，不中任何受造者的圈套。

　　^b 135 这三点使一个人在内在的实践中看到[新郎的来临]。如果你有了它们，就有了内在实践和内在生活的基础和开端。

第二部分和第三部分
"新郎来了,出去"

  b 138 即便我们的眼睛是清澈的、视力是敏锐的,但[如果]没有(它的)可爱的、愉悦的对象,这种视力的清楚带不来什么欣享或益处。因此,基督要向那些理解上的明眼们显示出应该看到些什么,即基督他[她]们的新郎的内在来临。我们发现,在那些投身于内在生活的人们那里,有三种特殊的来临方式;它们的每一种都将一个人举到更高的、更内在的实践中。

  b 144 基督在内在实践中的第一种来临,在内部感知的层次上驱使和推动一个人,它将一个人及其所有官能都向上牵引直到天堂,并要求他[她]与神结合为一。这种推动和牵引被心灵感到,并在所有身体官能的统一,特别是在欲望官能中被感到,因为这种来临在我们的最低部分发作和起作用,它必须被完全纯洁化、丰富化、点燃和向内牵引。神的这种内在推动,既赐予(且)又取走;让人既富饶又贫穷,既兴旺又悲痛;既感到希望又感到绝望;既觉得热又觉得冷。这些以对立出现的赠品和行为,无法用语言来表达。这个通过(适合于它的)实践的来临被分成四个模式,如我们后边将要表明的,它们一个比一个更崇高。通过它们,一个人的最低部分就在内心生活中变得丰富。

ᵇ¹⁵⁵ 基督内在来临的第二种方式,[相比第一种]是更高贵的,更与基督相像,处于更多的赠品和光亮之中;它带着神圣赠品的财富——这些赠品以多种方式加强、照亮和丰富了精神,注入灵魂的更高官能之中。这种神进入我们之中的流注,要求一种带着所有这类丰富性的流出和流回,也就是流回到它所源自的同样源头之中。在这个流注中,神允诺和展示了(一种)巨大的奇迹。但是,神要求灵魂给回所有神的赠品,让它们被加倍增殖,超出了(任何)受造者所能做到的。这种实践、这种方式要比第一种更高贵和更像神,凭借它灵魂的三个更高官能得到丰富。

ᵇ¹⁶⁴ 我们的主内在来临的第三种方式,是在精神统一中的内在扰动或触动,灵魂的各个更高官能就居住在这统一里;这些官能从这统一中流出,又回流(到其中),并凭借爱的耦合和精神的自然统一而总(在其中)保持为一个整体。这个来临导致了最内在和最高级的内在生活的方式,精神的统一由此而得到多种的丰富化或充实。

ᵇ¹⁷⁰ 在每一个来临中,基督都要求我们按照他的来临样式而生活,以便达到一种特别的出离自我。因此,他在我们的心灵里,在每一个来临中,都从精神层次上说道:"通过在那样一种方式中的生活和实践,也就是我的恩惠和我的赠品凭借它来推动你的方式,走出去。"这是因为,如果我们要达到完美,就必须走出去并在内在实践中按照这样一种方式来行为,也就是神的圣灵所推动、驱使、牵引和流入(我们)并触动我们的方式。但是,如果我们由于自己生活(与基督)的背离而抵制了神的圣灵,我们就失去了内在的推动力并因此而必然丧失德行。

b 178 这些就是基督在内在实践中的三种来临。我们现在来更详细地阐明和解释其中的每一种。现在要高度注意地来观想,因为那对此完全无经验的人将不会恰当地理解它。

甲、第一种来临,进入心灵,以四种不同的样式出现

第一种样式:可感觉到的热情和安慰

基督的来临就像照耀山峦的太阳

b 182 基督在欲望(生活)实践中的第一种来临,是一种被内心感受到的圣灵推动力,它唤起并推动我们朝向所有的德行。我们愿意将这种来临相比于太阳的照耀和动力,一旦它升起,就照亮、辉映和温暖了整个世界。以同样的方式,居住在精神的更高部分的永恒太阳基督发光、闪耀和启明,他照亮并点燃了人的较低(部分),也就是身体性之心和感觉官能;这发生在比眨眼还要短的一瞬间(in corter tijt;in an instant of time),因为神的工作是快捷的。然而,这[只]发生在那样的人身上,也就是正以领会之眼来做内向观看者的身上。

b 191 这太阳照耀在高原,在世界的中央,直射到山峦上。它在那里造成了一个初夏、繁多的美果、强烈的葡萄酒(wijn;wine)和一块充满欢乐的土地。这同样的太阳也将它的光芒照在低地,在地球的尽头。那地方更寒冷,所以(太阳的)力量较弱。尽管如此,

太阳在那里还是带来了许多美果；然而，人在那里找不到多少葡萄酒。那些居住在自身最低处的人们，接近他[她]们的外向感官，但还带着善良意向，在道德德行中通过外向实践和神的恩惠，产生了许多的各色德行美果。但是他[她]们几乎感不到内向欢乐和精神慰藉之酒（wijn；wine）。现在，那感到了这永恒太阳即基督本人的光辉的人，就会聚集起他[她]的所有官能，看到并（会）居住在山峦和高原上，并通过他[她]那朝向神的心灵，被高举（opverheven；lifted up）起来，自由无碍，不受祸福和一切受造者的左右。在那里，基督这正义的太阳在自由的、被高举的心灵中闪耀。这些就是我想讲的山峦之意。

b 205 通过神的圣灵之力，基督这辉煌的太阳和神圣的光明，就在他的内向来临中照亮、射透和点燃（ontvonken（ontfuⴖct）；enkindle）了自由的心灵和灵魂的所有官能。这是渴望的（生活）实践中，[基督的]内向来临的第一种工作。正如火的力量和本性点燃了为它准备好的材料，基督也凭借他内向来临的炽热而点燃了那准备好的、自由的、高举的心灵。所以在这种来临中，他说道："通过相应于这来临样式的实践而走出去。"

这种来临的效果和我们对它的反应

b 213 从这种炽热（hitten；heat）中，产生出心灵的单纯（eenicheit；singleness），因为只有当神的圣灵在我们心中点燃了他的火焰，我们才能得到真正的统一；还因为火造成了（与它的）一致，让所有它能征服和转化的东西与它为一。（心灵的）单纯意味着一个人感到自己带着他［她］的所有统一于心灵的官能，被从内部聚集。统一导致了内向的平和及心灵的安止。心灵的单纯是一条系带，它在爱的统一中耦合和拥抱身体和灵魂、心灵和感官，以及内部及外部的所有官能。

b 221 这种统一导致了内在的实践，因为除非一个人在自身中被统一地聚集，他［她］就不会是内在的。内在的实践意味着一个人转向内部，朝向他［她］自己的心灵，以使他［她］可以领会和经验神的内在工作或内向言说。内在的实践是一团被感到的爱火（een ghevoelijc vier van minnen，a felt fire of love），它由神的圣灵点着而熊熊燃烧。内在实践从内部点燃、驱使和推动一个人，所以他［她］既不知道这实践从何处而来，也不知道这是如何发生在他［她］身上的。

b 228 从这内在实践，就引出了一种感性的深情（ghevoelijcke liefde；sensible affection），它弥漫在人的心灵和灵魂的欲望功能中。只有当一个人处在心的内部［燃烧中］，他［她］才能拥有这种带着心灵的可感风味（smake；relish，savor［味道］）的渴望之爱。被感到的爱和深情存在于一种渴念的、充溢着味道的欲望（begherlijcke smakende ghelost；yearning，savouring lust）里，人具有它是为了神、为了一个包含所有善的永恒之善。可感的深情摒弃一切涉及欲望的受造者，但不摒弃涉及亟需的受造者。内在的深情感到，它在内部被永恒之爱所触动，它只要这种爱就足够了。［因此］内在的深情很容易就会为了得到它的所爱而放弃和藐视一切事物。

b 236 源自这种被感到的深情，就出现了向神及其荣耀的献身，因为只有负荷着被感到的深情和朝向神之爱的人，才能在他［她］

的心灵中具有渴念着的献身。当爱和深情之火将它的焰舌高扬到天堂时,献身就存在了。献身在外部和内部激发和驱动一个人去服务于神。献身使得一个人的身体和灵魂面对神和全体人类,在尊敬和崇拜中开出花朵。神要求我们的献身,也就是在我们为了他而该做的所有服务中的献身。献身使身体和灵魂纯洁,清除掉能够伤害和阻塞我们的东西。献身显示和授予了被神祝福的直路。

b 246 内在献身引来感恩,因为没有任何人能像内在的献身之人那么好地感谢和赞美神。我们的确应该感谢和赞美神!因为他创造我们为聪明的生物,他安排、指定天地和天使来为我们服务;为了[赎]我们的罪,他成为了人;他给予我们他的教诲、他的生命和指导,他以谦卑的苦干服务于我们,而且为了我们而遭受了轻蔑中的死亡;作为给我们[信仰]的报酬,也作为对我们的服务,他答应赐予我们他的永恒王国和他本身;他赦免了我们的罪,而后,他将完全宽恕(verg[h]even;forgive)我们或者已经宽恕了我们,并且将他的恩惠和爱注入我们的灵魂。他希望居住和保持在我们里面,与我们永远在一起;在我们生命的所有日子里,他都希望带着他的高贵圣礼、按照我们的所有需要来造访我们。他留给我们他的身体和血液作为食物和饮品,为的是满足每个人的渴念的欲望。他在我们面前放置了自然、圣典和所有的受造者,以作为榜样和镜子,以便我们可以思考和学会如何将我们所有的工作变为德行。他提供给我们健康、体力和能力,有时还有疾病,都是为了我们的利益;他(不仅)造成了外在的需要,(而且)造成了我们内部的心神宁静与和平;而且,我们具有基督徒的名号,一出生就是基督徒。为了所有这些,我们应该在这里(低下处)感谢神,以便在那高处可以永恒地感谢他。

b 264 我们也要以我们能做的一切事情来赞美神。赞美神意味着一个人应该在他[她]的整个一生中,都向神圣的[天主]陛下献上尊崇、敬仰和礼拜。赞美神,对于天上的天使(engel (ingele);angel (angels))和圣徒(heilige (heylighen);saint (saints))以及地上那些心怀爱意的人们,是最自然的和最个人的工作。人应该以心灵、欲望、高举的官能、语词、工作来赞美神;还应该以身体、灵魂,以及我们在谦卑的内外服务中的善举来赞美神。那些在此处不赞美神的人们,将永远变哑。赞美神是爱意心灵的最欢快和高兴的工作。充满了赞美之心渴望所有的受造者都来赞美神。这种赞美是无尽头的,因为那就是我们的至福。我们在永恒中赞美神,是不会错的。

b 276 内在的感谢和赞美会引起心灵的两种哀愁(wee;woe)和愿望的折磨。第一种哀愁是,一个人在感谢、赞美、尊崇和服务于神中是缺乏的。第二种哀愁是,一个人不会在博爱、德行、忠诚和完美的行为中成长到他[她]所愿望的(那么高大),以至于他[她]可以真正配得上去感谢、赞美和服务于神。它们是所有内向德行的根本和果实、开端和结尾。由于一个人感到自己德行的不足及没有充分地赞美神,内向的悲痛和哀愁就是这种内向实践的第一种样式的至上工作,凭借它这(实践)被完美地实现。

两个解释性的比喻

b 285 〔沸腾之水〕现在来看一个关于这种实践将是什么样子的

比喻。当自然的火焰凭借它的热力迫使水或其它液体达到沸腾，也就是达到它的最高工作状态时，这水[却]又反转并落回到原来的那个底部，于是就通过火焰而被迫再次进入[沸腾的]工作状态，结果这火焰就总是（向上）推进，而水总是沸腾。圣灵的内向之火也以同样的方式工作：它推动、加热和激励心灵和所有的灵魂官能达到沸腾，也就是去以我以前说到的方式来感谢和赞美神。而且，人也要再次回落到同样的底部上，那里神的灵（gheest gods; spirit of God）在燃烧，以这种方式，爱之火总可以燃烧（berne; burn），人之心则总可以通过话语和工作来表达感谢和赞美，总是保持在低微之处。这就使得他[她]认识到他[她]应该去做的是多么伟大，所以乐于去做它，同时认识到他[她]所做是多么渺小，[所以总也做不够它]。

　　b 298 [暮春时的太阳]因此，当夏季临近，太阳升起，它就通过树的根和主干将土地的湿气吸入枝条；从那里发出繁叶、花朵和果实。以同样的方式，基督这永恒的太阳升起并照入我们的心灵，使得德行卓越的夏天来到；他将他的光明和温暖洒入我们的欲望，将心灵从各种地上事物中吸引开，生成统一和内在实践，促使心灵通过内在的深情生长、发叶，通过渴念和献身开花，通过感谢和赞美而结出果实；还将这果实永远保存在（来）自（我们）终身[感到]缺乏的谦卑造成的哀愁中。

　　b 307 这里，我们就结束了对内在实践的四个主要样式中的头一个的阐述，这种内在实践使得一个人的最低部分得到丰富。

第二种样式：安慰的非凡丰富性

在双子座中的太阳——基督来临的比喻

b 309 因为我们正在将基督来临的四种样式比作太阳的照耀和力量，我们也就可以发现太阳（具有）这样的德行和行为，能够使果实快速地成熟和增多。当太阳升起得非常高并进入双子座（twellinc；Gemini）——一个本性的两重东西——时，也就是进入五月中旬时，这太阳就将双倍的力量施于树木、草本和地上生长的一切东西之上。当那些统治自然的星体们按照一年四季的要求循序而行，太阳就照耀在地上，将湿气吸入上面的空气中；于是就有了露水和降雨，果实变多，并且被极大地增殖。以同样的方式，当明亮的太阳基督升起到我们的心灵中，高于一切，当那与精神作对的身体需要被彻底平息，被分辨力规整，当德行按照第一样式而被拥有，而且，当人在德行中经历的所有滋味和所有安止，通过博爱的热量而带着感谢和赞美被供奉和献给神，在这样的时候，新鲜的内向安慰和天堂的神圣甜美之露有时就会如甜蜜的降雨一样来临。它使得所有的德行生长，如果这人正确地行动，就会产生出双重的增殖。这是一种特别的新运作，以及基督进入爱意心灵的新来临（nuwe toecomst；new coming），通过它，一个人被提升到比他［她］以往达到的还要高的地方。在这种甜蜜里，基督说："按照这种来临的样式，走出去。"

这种来临的效果以及我们的反应

ᵇ³²⁹ 从这种甜蜜里,就出现了心灵的和所有身体官能的至福;它的出现方式是,一个人相信自己被一个在深情之爱里的神圣拥抱从内部抱紧。这种至福和慰藉要比地上所能提供的所有至福——就算一个人都能得到它们,还要更丰富和欢欣。在这种至福里,神通过他的赠品而沉入这个人的心灵里,带着丰厚的滋味、慰藉和欢乐,以至于这心灵从里边满溢出来。它使得一个人注意到,那些居住在爱的外面的人们是何其不幸。这种福乐是心灵的流出,让一个人在内在欢乐的充溢里不能克制住自己。

ᵇ³³⁸ 这种至福导致了精神的酩酊大醉(dronckenheit; drunkenness)。精神之醉意味着一个人接受到了如此之多的美味和福乐,以至于他[她]的心灵和强烈渴望都无法想象和包含[它们]。精神的沉醉在一个人那里产生了许多奇怪的行为。它让某些人由于欢乐的充溢而歌唱、赞美神,让另一些人因为他[她]们心灵的福乐(welheiden; well-being)而痛哭流涕。对于有的人,它在他[她]的众器官中带来的不宁是如此之大,以至于他[她]必须飞跑、跳跃、舞蹈。这种沉醉使另外的人兴奋到必须拍手喝彩。有的人大声呼叫,显示出他[她]在内部感受着的充溢。可另一个人却保持沉默,为他[她]所有感官中的极乐(weelden; bliss)而融化魂销。有时候,他[她]觉得整个世界都在感受到他[她]正在感受到的东西;可在[另外的]某些时刻里,他[她]觉得没有任何人尝到他[她]进入的那种滋味。他[她]经常会感到,他[她]既不会、也将永不失去这种福乐。他[她]有时会对不是所有的人都变得神圣感到惊诧,可有时又觉得整个神只属于他[她]自己一人,谁也不会像他[她]拥有得这么多。有时他[她]又惊奇于这至福到底是什么,它从哪里来,或他[她]遭遇了什么。对于身体的感官而言,这就是在地上能够得到的最至福的生活。有时候,这种福乐是如此巨大,以至于一个人感到他[她]的心就要被撕裂。

b 356 对于所有这些多重的赠品和奇妙的运作,此人会以谦卑之心去尊崇和赞美能行它们的天主,以内在的献身来感激他,因为天主如此善意地行了它们。他[她]会不断窥视自己的心灵,用他[她]的嘴和正直的意向说道:"主啊,我实在不配它们,但我又极其需要您的无底慷慨和支持。"在这种谦卑里,他[她]能够发育并增长到更高的德行中去。

我们的回应遇到的障碍

b 362 即使这种来临和样式在一开始被给予了某些人,也就是当他[她]们厌弃了这个世界,完全皈依,放弃这个世间的所有慰藉,以便可以只为神而存在、只为神而活的时候,他[她]们仍然是虚弱的,需要牛奶和甜食,而不是像巨大引诱和被神抛弃这样强烈的食物。在这个季节里,也就是在这种状态里,白霜[冻住的露水]和烟霾常常阻挡住了这些人,因为在五月里,按照内向生活的进程,这种情况是合理的。白霜意味着一个人想要了不起,想象自己很重要,自命不凡,或(想象)他[她]应该得到慰藉。这就是白霜,它会夺去所有德行的花朵和果实。烟霾是指一个人非要安止于内向的慰藉和甜蜜之中不可;它污染了理性的空气、本该开放的官能,阻碍开花和结果。这就是一个人失去真知识的原因。一个人有时会坚持虚假的甜蜜,而魔鬼就会提供它,误导此人。

蜜蜂的比喻

b 377 我要告诉你们一个小小的比喻,以便你们不误入歧途,可以在这种状态中控制好自己。所以你们应该注意了,要像蜜蜂(bie;bee)那样智慧地行事。她居住在与她的聚集社团的统一中,她不在暴风雨而只在平静的阳光天气中出门,飞到所有能找到芬芳甜蜜的花丛那里。她绝不安止于任何花朵、美丽和甜蜜,而是从中吸取出蜜和蜡,也就是甜蜜和可照明的物质;然后,她将这(被吸取物)带到集合起来的统一体中,使得她[的辛劳]产生成果和众多福利。在那永恒的太阳照耀的开放的心灵里,基督使得心灵和所有的内向官能成长、开花,带着欢乐和甜蜜流淌。所以人应该像蜜蜂那样行事,凭借注意力、理性和辨别力飞翔到[神的]赠品上,到他[她]能感到的甜蜜上,到神为他[她]所行的一切善事之上;凭借博爱和内在注意力的刺激,品尝所有慰藉和精华的多样性,而不是安止于任何赠品之花上;总之,让一切都装载着感激和赞美,飞回到统一中,以便与神一起在永恒中安止和居住。

b 392 这就是内在实践的第二种样式,它以许多方式丰富了一个人的最低级部分。

第三种样式:被有力地吸引向神

巨蟹座中的太阳:基督来临的比喻

b 395 当天空中的太阳达到可能的最高(点),也就是巨蟹座

(creeft；Cancer)［夏至］的地方，由于它不能行得更高，而是［将由此］开始回落，这时热度就达到了全年的最高程度。太阳向上抽引湿气，地上变得干燥之极，果实就熟透了。以同样的方式，当基督这神圣的太阳在我们心灵中升到了最高点，也就是高出了我们从神能够接受到所有赠品、慰藉（troost；consolation）和甜蜜，这时，假如我们是自己的主人，就会不安止在神可能注入我们灵魂中的甜蜜美味上，不管它是多么巨大；而是像我们以前讲过的，总要带着谦卑的赞美和内在的感激转向内部，按照受造者的需要与尊严，朝向所有赠品从中流出的那个基底（gront；ground）；如果是这样，那么基督就会站立于我们心灵的最高（点），要将所有的一切即我们的所有官能都吸引到他那里。如果甜蜜的美味和慰藉既不能征服、也不能阻碍这充满爱意的心灵，它希望越过所有的慰藉和赠品，以便找到它热爱的他［神，参考《旧约·雅歌》3:4］，那么，这就是内在实践的第三种样式的起源，通过它，一个人的感情和他［她］的最低部分就被高举和丰富。

　　b 411 基督的首要工作和这种样式的开端，就是神将心灵、欲望和灵魂的所有官能都吸引向上，直到天堂，命令它们与他［基督］统一，并在心灵中从精神上说道："按照我吸引你和命令你的样式，走出你自己，达到我。"我无法向粗糙的、不敏感的人们显示这种吸引和这种命令。但是，它是一种朝向他的崇高统一的内在的邀请和心灵的命令。这种向上的邀请对于充满爱意的心灵而言，是一种超出了它以前感受过的一切东西的快乐，因为从它那里踊跃出了一种新的样式和更高的实践。

这种来临的效果和我们的反应

ᵇ ⁴²⁰ 这里,人的心灵在欢乐(vroude[n];joy)和欲望中敞开,他[她]的所有血管都张大,所有的灵魂官能都准备好,渴望去完成神及其统一所要求的一切。这种邀请是一种从永恒的太阳基督中发出的照亮,它在心灵中产生了巨大的快乐(g[h]enoechte;delight,pleasure)和欢喜,并使得心灵敞开得如此之大,以至于一个人都很少能关上它。

ᵇ ⁴²⁴ 因此,这个人从里边、在他[她]的心里受到了创伤(wonden(ghewont);wound(wounded)),所以他[她]感到了爱情的撕裂(quetsuere[n];laceration[s])。被爱情创伤是最甜蜜的感情,又是人能忍受的最剧烈的折磨。被爱情伤害是一个人要被治愈的确切标志。这种精神的创伤同时会产生幸福和悲伤。基督这真实的太阳闪耀着照射到这受伤的开放心灵里,并再次索取统一。这就又加深了这伤口和所有的撕裂痛苦。

ᵇ ⁴³⁰ 这种内在的命令和邀请,以及(这样的事实即)这受造者站起来贡献自己,用它能够召集的一切做好准备,但它依旧不能实现和得到那[与神的]统一,造成了一种精神上的折磨。当这心灵的最内在(的核心),也就是生命的源头被爱情伤害,还被这样一个状态——即人不能得到他[她]超过一切事物而向往的东西,并必须继续保持在他[她]不想处身的地方——所伤害,由于这两个(条件),折磨就继续下去。这里,基督升到了心的最高(点),并将他的神圣光芒投入心灵的渴念着的饥渴感和强欲望中;这种照耀烧掉、抽干和耗尽了所有的湿气,也就是[人类]本性的能量和威力。

这贪欲的、敞开的心灵和这神圣光芒的射入，产生了一种持久的折磨。

b 440 当一个人既不能得到、又不能放弃神，由于这两者［的阴阳夹击］，就在某些人那里唤起了内外的激烈（orewoet；impetuosity）和不安。当一个人是激烈的时刻，就没有任何受造者，不管是天上的还是地下的，能够以任何其它的东西或方式来帮助他［她］。在这种激烈里，伟大和有益的词语、特殊的教诲和智慧有时就在他［她］的内部被授予和宣告。在内在的激烈里，人准备好去忍受一切可能的痛苦，以便得到他［她］所热爱的。这爱的激烈是一种内向的动荡（ongeduur（ongheduer）；unquietness），它几乎不会愿意去满足理性或跟随理性，除非他［她］得到了他［她］所爱的。内在的激烈吞吃一个人的心灵，痛饮他［她］的鲜血。这里感到的内在热度达到了一个人整个人生的最高值；他［她］的身体本性在没有外在影响的情况下，被神秘地撕裂和耗光，德行的果实很快地成熟，比以前显示的所有样式中的果实都要成熟得快。

这种来临的效果和我们的反应（之二），被再比喻为在狮子座的太阳

b 452 在这一年的相同季节［即夏季］中，物质的太阳进入了狮子座（liebaert；Leo），它有一个剧烈凶猛的本性，因为它是群兽之主。以同样的方式，当一个人进入这种状态，基督这明亮的太阳就处于狮子座中；因为他的热力光芒是如此炽热，以至于在此激烈之人那里，他［她］的心灵之血都沸腾起来。所以，当这激烈的样式占了优势,它就控制和压倒所有其它的样式,因为它要成为无样式的(wiseloos（wiseloes）;modeless),或无尺度可言的(sonder maniere;without manner)。有时,这激烈的人落入一种渴盼,一种要从他[她]的身体牢狱中解脱出来、以便与他[她]所爱的神统一的汹涌渴念;于是他[她]抬内在之望眼,凝视和沉思那充满了光辉、欢乐的天堂,他[她]的头戴王冠的所爱就在那里,带着丰富的祝福流入其圣徒之中。但他[她]却必须放弃它！因此,在某些人那里有时就会产生泪水和巨大的渴盼。当他[她]收眼向下,看到他[她]被囚禁于其中而无可逃脱的放逐状态时,懊丧和悲痛的眼泪就会潸潸流下。这些自然而然的泪水会平息和冷却一个人的激情,它们还会作用于身体的本性,以便维持住身体的力量而穿过这种激烈。各种各样带有样式的思考和实践对于这激烈之人是有益的,会(使他[她])维持其力量并在德行中生活得长久。

b 471 由于这种激烈和不安,某些人有时就会被带到高于感官而进入精神的境界;那时他[她]们就会听到话语、看到意象和图象,于是就得知了某种他[她]们或其他人需要的真相,有的是关于未来(toecomende;future)的。这些被称为启示或神视（visione,vision[神见、异象]）。如果它们是可感觉的意象,此人就在想象力中得到它们。实际上,一位天使可以凭借神的力量在一个人那里产生这种神视。如果它是一种可理喻的真相,或者,(如果它们是)神借以显示他自身的不可测性的精神图象,那么人就在他[她]的理解力中得到它们,并且他[她]还能就其可描述的程度而将它们带进语言。

b 479 有时,一个人可以被[这神视]拔高到超出了他[她]自己,超出了精神,但又没有完全外在于他[她]自己,于是进入到一种他[她]绝不能按照他[她]听到、看到它的方式来描述和表达的不可理解的善之中,因为在这种单纯的行为和单纯的视觉中,听与看是一回事。没有其它任何存在者而只有神,能够在一个人里边无中介地或在没有任何受造者合作的情况下产生它。这就叫作被夺入神(raptus; rapture),就相当于被攫走、被接管。

b 485 神有时赐予一些人倏忽一瞥(blicke; glimpses)到他[她]们的精神的机会,正如那天上的闪电。那时就出现了一种特殊光辉的短暂闪现,从一个赤裸的空白(blootheit; bareness)处放射出来;由此,精神就在一眨眼间被高举到比它自身还要高的地方,可突然这光又消失了,此人又回到了他[她]自己。神本身产生了它,它是非常高贵的,这些接受者们常常成为被[神的]光照启蒙的人。

b 490 有时那些生活在爱的风暴之中的人有另一种方式:因为时时有某种光亮照在他[她]们里边,这是神通过中介(met middele; by intermediary)产生的。在这种光亮中,他[她]们的心灵和他[她]们的欲望官能升起,朝向这光亮。在与这光亮相遇之中,强烈的欲望和快乐是如此之大,以至于心灵无法容受它,就通过声音而让这欢喜喷发出来;这就叫作欢欣或欢腾,也就是一种无法用语言来表达的欢乐。如果一个人通过被高举的敞开心灵去迎接或遭遇这光亮,那就免不了这种情况;只要这种实践和样式持续下去,这欢声就会出现。

b 498 某些内在的人们有时在梦中,在一些被他[她]们亟需的事情上,得到他[她]们的天使或别的天使的指导。我们还发现有些人具有了许多突发的主意、内言语或思路,(但)还是停留在他[她]

们的外在感官中。他[她]们梦到奇妙的事情,但却与爱的激烈绝缘,因为他[她]们[仍然]生活在多重性之中,没有受到爱情的创伤。这(情况)可以从本性而来,也可以从魔鬼或善的天使而来。这就是为什么我们可以在它与神圣经典、真理相一致的范围内尊重它的原因,但不会更多。想要赋予它更多价值的人就容易受到欺骗。

解释第三种样式中的阻碍的两个比喻

b 507〔三伏天〕现在我来向你们说明,那些行走在激烈中的人们会遇到的损伤和危害。在这个季节,如你们已经听说过的,太阳运行到狮子座里;虽然这有益处,但它也是一年里最不利于健康的时候,因为从此开始了三伏天(hontdaghe; dog days)或闷热的日子,带来许多的瘟疫。于是,在某个特定时刻,天气在某些地方变得如此不利和炎热,以致草木凋萎和干枯了;在某些水域里,一些鱼干死了;在地面上,一些人憔悴而死。这不仅仅是由太阳引起的,因为同样的事情(和形势)通行所有的地方、水域和人类;它的原因有时是太阳影响到的事物所处的糟糕的环境和局面。因此,以同样的方式,当一个人进入这种动荡的状态,就立即进入了三伏天,神圣光线的照射从上面引起强烈、滚热的燃烧。这被爱情创伤的心灵则从内部被点燃;而当心灵的深情热度和欲望的激荡被点燃到如此的高度,此人就要落入动荡不安和心神不宁,就像一个临产而又生不下孩子的女人(vrouwe; woman)。那时,如果此人不停地观察自己受伤的心灵和所爱的他[神],那么这悲痛的困境就会继续增加。这种折磨在如此之长的时间不断增长,最后导致他

[她]的身体本性的凋萎和干枯，就像那些在酷热土地上的树木；于是他[她]在爱的激烈中死去，不经炼狱而直接进入天堂。虽然一个人死于爱是好的，只要这树能产出善果；但是，人[毕竟]是不可以摧毁它的。

　　b 527 有时神带着巨大的甜蜜流入了这激烈的心灵里边。于是，那心灵就在极乐中畅游，就像一条鱼在水中一样；由于在神的赠品中的极乐畅游，由于那充满爱意心灵的极乐的动荡热度，心灵的最内在之处在激烈和博爱中燃烧。在那种状态中待久了，就会摧毁身体的本性。所有激烈的人们一定会在这种状态中长期受折磨，变得越来越衰弱，但不是所有的人都会死，如果他[她]们能够设法适当地控制自身的话。

　　b 534〔蜂蜜之露〕但我要警告一件事情，因为那里会出现极大的危险。在这炎热的季节里，有时会降下某种伪甜蜜的蜂蜜露（honich dau；honey-dew），污染乃至完全破坏这果实。它一般在白天的中间，就在明亮的阳光中，以大冷珠的方式降下，很难与雨珠区分开来。以同样的方式，某些人的外感官会由于魔鬼产生出的某种光亮而被劫夺走；在这种光亮里，一个人被套住了、包裹了；有时一个人在这里以许多种方式被给予和显示了意象，有谎言也有真相。这都以极大的愉悦被看到和接收。有时假甜蜜的蜂蜜露珠就落到让那人特别高兴的地方。越是欣赏它，他[她]就越得到更多的它，所以一个人很容易变质。如果他[她]要去将反真理的东西当作真理，只是因为它们被向他[她]显示成、说成是真理，那他[她]就落入了错误，德行的果实就会丧失掉。然而，像我们以前在这里所表明的，那些向上行路的人们，即便受到了这种精神和光亮的引诱，也不会被损害。

蚂蚁的比喻

b 549 我要给那些行走在激烈中的人们一个简短的比喻，使得他[她]们可以高贵和合适地经过这个样式，进入更高的德行。我们发现，一种叫蚂蚁（miere（mire）；ant）的小小的昆虫，它是坚强的、智慧的，不愿意去死。在一个又热又干的土地上，它喜欢在它的社团中群居。它在夏天苦干，收集粮食以应对冬天；它将粮食粒分成两半，以便它们不发芽、不变质，到无食可采时就可用来充饥。它不修造奇怪的道路，而是都走一条路。而且，如果它待其时而动，就能飞起来[比如飞蚂蚁]。

b 556 这些人们也要做同样的事情：他[她]们在等待基督来临时要坚强，在抵制魔鬼的[意象]显示和甜言蜜语时，要智慧。他[她]们不要选择去死，而是（应该）总（选择）去赞美神、去为自己得到新的德行。他[她]们要居住在自己心灵和所有官能的集合中，遵循神圣统一的命令和邀请。他[她]们要住在干热的土地上，也就是生活在爱的极度激烈和巨大的动荡之中；他[她]们要在这种[内在]时间（tijt；time）的夏季苦干，为永恒而收集德行的果实，并将它们劈成两半。一半是：他[她]们要总渴念崇高的、欢乐的统一；另一半是：他[她]们要尽其可能地用理性来控制自己，等待神（为他[她]们）准备的时间；于是德行的果实就保存到永恒。他[她]们不要制造奇怪之路或特别的样式，而是（要追随）爱情之路，凭借爱的引导穿越所有的暴风雨。当一个人待时而动，让时间凭借所有的德行而得到实现，那么他[她]就能够沉思凝视（contempleren；contemplate)并飞入神的隐藏[维度]。

第四种样式：被抛弃状态

基督的回撤——比喻为在室女座的太阳

ᵇ ⁵⁷² 我们现在继续向前，谈论基督来临的第四种样式，它凭借一个人的内在实践、在他[她]的最低部分将他[她]举起，使他[她]完美。由于我们已经将这整个内在来临比作一年过程中的阳光和它的力量，我们将跟着这季节的递嬗，接着来谈及这太阳的其它方式和其它工作。

ᵇ ⁵⁷⁷ 当这太阳开始从最高点向最低点大幅回落，它来到被[按星象结构]象征性地称为室女[处女]座（mag[h]et；Virgo）的地方，因为这个季节就像室女一样地不结果实。在这个季节，光辉的处女马利亚、基督的母亲升上天堂，充溢着从一切德行而来的欢乐和丰富[喻圣母升天节]。热度在这个季节里开始减少，我们通常在这时收采成熟的、可持久的果实，以便长久地享用和消耗它们；比如那些一直在等待其天时的谷物、葡萄和放得住的水果，我们通常把它们收藏起来，应对一个（正在来临的）长长的年头。我们还习惯于用同样的谷粒来播种，以便它们增殖而施惠于民。在这个季节里，太阳在整个一年中的所有工作被完成和实现了。以同样的方式，当光辉的太阳基督升至一个人心灵中的最高点后，如我讲授第三种方式时所说的，他就开始下沉，收藏起他神圣光芒的内在照耀并离开这个人，于是爱的热度和动荡力就开始减少了。基督如此这般地收藏起他的光芒和热量造成的内在照耀（的事实），就是他在这[第四]种方式里的第一个工作以及新的来临。现在基督从精神上在这个人里边说道:"按照我现在向你显示的样式,走出去。"

这种回撤的效果和我们对于它的反应

b 593 于是,这个人就走出去,发现自己是贫穷的、可悲的和被遗弃的。这里所有爱情的风暴、激烈和动荡都冷却了,炎热的夏季转变成了秋天,一切富饶都转变成了巨大的贫乏（armoede；poverty）。所以,此人开始因自怜而抱怨；爱情的热量、内在的实践、感恩、带着快乐的赞美,它们都到哪里去了？内向的慰藉、内在的欢乐和可感的美味呵,它们又藏在何处而避不见人？爱情的激烈和他[她]曾经历的所有赠品们哪,你们又如何对他[她]死去了？他[她]就像一个健忘的人,失去了他[她]的谋生之道和劳作[的意义]。这里(他[她]的)本性常常为所有这些丧失而担心害怕。

b 601 有时,这些可怜的人们还被剥夺走了他[她]们在人间的财富——朋友、家庭,被所有的受造者们遗弃；无论他[她]们可能有什么神圣性,都不被承认,而遭轻蔑；他[她]们的全部人生和工作都被误解。他[她]们被所有周边的人们嘲弄和拒绝。有时,他[她]们落入各种瘟疫和疾病。有些人堕入了身体的或精神的引诱,这比(其它)什么都要糟。由于这种贫乏,就出现了对于堕落（vall[e]；falling）（到罪中）的关心和某种疑虑,这是一个人能够不陷入绝望的最远之点[或边缘处]了。

b 610 这个人希望去寻求善良的人们,向他[她]们倾诉,（向他[她]们）显示自己的悲苦。他[她]还想得到神圣教会、圣者和所有善良人的帮助和祈祷。在这里,他[她]会以谦卑之心观察到,他

[她]除了贫穷之外,什么也没有;他[她]会在忍耐和自我放弃中说出圣者约伯(Job)的话:"赏赐的是耶和华,收取的也是耶和华;耶和华的名是应当称颂的。"[《旧约·约伯记》1:21]他[她]会将自己放逐到所有的事情之中,发自内心地表示并说道:"主呵,我同样地喜欢贫穷和富裕,即便是被剥夺掉一切东西的贫穷,主呵,只要这是您的希望,只要它是您的荣耀。主呵,不要按我的自然本性的意愿,而要按照您的意愿和我的精神意愿,让事情被成就吧!主呵,这是因为我是您自己的东西,所以不论下地狱还是上天堂都应该同样地喜欢,只要它是对您的赞美。主呵,只要(它是)您本身的荣耀,怎么待我都好。"

b 622 一个人会因此对于所有的痛苦和被遗弃,产生出内心的欢喜,并且将自己完全交到神的手上,为自己能够为了神的荣耀受苦而高兴。如果他[她]以这种方式做得很好,那么他[她]将品尝到从未有过的深层欢乐,因为对于神的爱恋者来说,没有什么比感觉到自己是所爱者特别拥有的东西而更快乐的了。如果他[她]沿着德行之路直截升入这个样式,那么,即便他[她]还没有拥有以前展示的所有方式,他[她]也不再需要它们了,因为他[她]在自身中感到了德行的基底,即劳作中的谦卑服从和受苦中的忍耐孤独。凭借这两者,这个样式就[能够]永恒无虞地维持下去。

基督的进一步行动和我们的反应——被比喻为在天秤星座中的太阳

b 631 在一年中的这个季节,天上的太阳行入了天秤座(waechschale（waghescale）；Libra），因为这时昼夜平衡，太阳分配[同样多的]光明来对抗黑暗。同样，基督以平衡的方式来与被遗弃的人相处。不管基督给予的是甜是苦、是黑暗还是光明，无论放在天秤上的是什么，此人都维持着自己的平衡。一切对于他[她]来说都是一样的[齐物]，只除了罪，那是应该被完全铲除的。

b 636 当这些顺从的人们就这样被剥夺了一切安慰，觉得自己丧失了所有的德行，并被神和所有受造者遗弃，这时，如果他[她]们能够去收集（它们），那么所有种类的水果、谷物和葡萄就会完全成熟；这是很清楚的。只要他[她]的身体能够忍受的东西，此人就要将它们无偿地奉献给神，这与他[她]的更高意愿也并不矛盾。以前这个人在爱火中通过强烈欲望来实践的所有内外德行，现在，只要他[她]知道它们而且能够实现它们，他[她]就要通过苦干和善心来实践它们，并把它们奉献给神。要知道，它们对于神从来没有这么珍贵，因为它们以前从未如此地高贵和美好。他[她]愿意放弃和失去神给予过的所有慰藉，如果那是为了神的光荣。这就是一个人对于[精神]谷物和所有种类的成熟水果的收集，凭借它们，他[她]将永恒地生活，（通过它们，一个人将）在神那里是丰富的。就这样，德行被实现，而凄凉被酿成了永恒之酒。所有那些认识和靠近这些人们的人，被他[她]们和他[她]们的生活及耐心所改善，得到教益。这就是他[她]们德行的谷物被播撒，并为了所有善良者的利益而得到增值的方式。

b 652 这是在一个人的身体官能和他[她]的最低部分中来丰富他[她]的第四种方式，它还会在内在的实践中不停地成就他[她]，尽管不是那种让他[她]不能再增长和被成就的方式。侹是，由于这些人们被神、被他［她］们自己以及被所有的受造者们严厉地侵袭、测试、引诱和攻击，（自我）放弃的德行对于他［她］们来说就是一种特别巨大的完善；无论如何，放弃或否定我们自己的意愿而依从神的意愿，对于所有那些希望得救的人来讲，都是绝对必要的。

解释第四种样式中的阻碍的比喻

b 660〔邪气和水肿〕在一年的这个季节里，我们遇到昼夜平分时［此时是秋分］，因此太阳［的黄道］向下行，天气就变凉了。于是一些不注意的人们就中了邪气（quade humoren；evil humors），它郁积在胃中，导致体虚和多种疾病。这些病让人失去胃口，一切美食都对他［她］无味道，有些病甚至导致死亡。由于这些邪气，有些人变得衰弱，得了水肿，于是长期受折磨，一些人最终死去。［某一种］过度的气质（humore［n］；humor［s］）①带来严重的疾病和发烧，让许多人衰弱，有时就死去。同样，那些有善良意愿的人们曾经品尝过神的味道，但是后来失足而脱离了神和真理，于是由于这三种疾病②中的一种或多种的影响，他［她］们在取得真实进步方面虚弱不堪，或者弃绝德行，或者（死于一个）永恒的死亡。

b 670 特别要知道的是，当一个人处在这种被遗弃中时，他［她］亟须巨大的坚韧，按照我刚教诲你们的那种样式去努力；如果他［她］做到了，那么他［她］就不会被欺骗。但是那种不能控制自己的不明智之人，就很容易罹患这些疾病，因为他［她］里边的天气变得

---

① 西方古代医学盛行四气质说或四体液说，某一种气质（humor）或体液过多，于人不利，它们之间的平衡最好。

② 即刚讲过的因中邪气导致的三种可致死的病：无食欲、水肿、发烧。

凉了。原因在于,他[她]的本性在德行中和善举中不再活跃,于是他[她]去欲望那些身体的安逸与柔和,这种欲望有时是缺乏分辨力的和不必要的。有的人喜欢从神那里得到慰藉,却不愿付出代价和劳苦,有的人在受造者那里追求安慰,由此而常常受到事后的重大伤害。有的人认为自己生了病,体质虚弱,所以需要一切他[她]们能够得到的东西,要不然,他[她]们就觉得应该让自己的身体休息和舒坦。当一个人如此不加分辨地让自己倾向于感性的东西和舒适,并追求它们时,这些东西就都是充塞他[她]脾胃——这里指他[她]的心灵——的邪气,使得他[她]对于所有的善食、也就是德行毫无胃口。

b 685 当一个人就这样罹病并(得了)感冒时,他[她]有时就会患水肿,也就是倾向于去外在地拥有世俗的东西。这些人得到的越多,就欲望得越多,因为他[她]们有水肿病。他[她]们的身体或他[她]们的胃口和渴望,变得膨胀起来,[因此]他[她]们的饥渴从不变小。但是他[她]们的面孔,也就是他[她]们的良心和分辨力,变得憔悴和消瘦,因为神的恩惠的流入被阻塞住了。如果他[她]们在心灵的旁边只得到些世俗物之水,也就是,(如果)他[她]们带着快乐的情感安止于这些东西,那么他[她]们就不能从事博爱的工作,因为他[她]们生了病。他[她]们太缺少生命的精神和气息(adem; breath),也就是,他[她]们缺乏神恩和内在的博爱。所以他[她]们就不能排出世俗财富之水,他[她]们的心灵就被这水包围,于是他[她]们就经常会窒息得进入永恒的死亡。但是,那些让世俗事物之水处于心灵之下很远的人们,便在一个意义上是他[她]们财物的主人,即必要的时候,他[她]们能够排掉这水;因此,即便他[她]

们可能长期受到无序倾向（ongheoordender gheneycheit；disordinate inclination）的折磨，却仍然能被治愈。

ᵇ⁷⁰⁰〔四种发烧〕有时，这些被邪气充塞的人们，也就是被那些无序倾向——它们来自追求身体的安逸和从受造物得到的异己慰藉——充塞的人们，患了四种发烧。第一种叫作日常的发烧，也就是心灵的多重性。这些人希望知道和谈论一切事情，希望在所有事情中引起争议、判定是非，却常常忘记他[她]们自身。他[她]们承担着许多与己无关的牵挂；他[她]们必须去倾听他[她]们所不愿意听到的东西，会被哪怕最琐碎的事情搅扰；他[她]们的思想杂七杂八，左一下右一下，此一处彼一处，就像风一样[地飘忽不定]。这就是日常的发烧，因为它使得他[她]们从早到晚，甚至寤寐之间，都心思重重、忙乱不堪。即便这种状况可以与神恩共存，不带有致死之罪，但它还是会妨碍内在的生命、内向的实践（inwindighe oefeninghe；inward practice）和品尝到神及所有德行的味道，因此会造成持久的伤害。

ᵇ⁷¹²第二种发烧每隔一天发作一次，叫作不稳定。虽然它不那么频繁光顾，却常常更危险。这种发烧又分两种：一种来自无度的热量，另一种则来自寒冷。某些善良的人们具有第一种，它源自无节度的热量。那些受到神的触动，或者先被神触动而后又被抛弃的人，有时就落入不稳定之中。他[她]们忽而选择这种样式，忽而选择那种样式，如此这般地折腾很长时间。某一刻他[她]们希望保持沉默，另一刻又希望去讲话；先要入这个修会，然后又希望加入另一个。现在他[她]们要为了神而抛弃一切财产，而后又希望保留它们。今天他[她]们要漫游全国，明天又想隐居。现在要经常接受圣礼,很快又对之没有兴趣。有时他[她]们要高声地祈祷很多,不多时又变得沉默许久。所有这些都是无常性和不稳定[的表现],它们会阻碍一个人,让他[她]无法理解内向真理〈inwindighe waerheit;inward truth〉,剥夺他[她]所有内向性(innicheit;inwardness)的基础与实践。

b 728 现在让我们来了解这种在善人中的不稳定自何而来。无论何时,只要一个人将他[她]的意向和内在行为冲动更多地放在德行和外边样式上,而不是放在神和与神统一之上,即便他[她]仍然留在神恩里——因为他[她]所意向的是德行中的神——,他[她]的生活就会是不稳定的,因为他[她]没有感到自己超出了所有的德行而安止于神之中。实际上,他[她]拥有着他[她]所不知晓的大一(dies;One),因为他[她]在德行和多重样式中寻求的此大一,他[她]在自身内部[已经]以超出意向、德行和所有样式的方式拥有了。所以,如果一个人要去克服这种不稳定,他[她]就必须学会超出所有德行而安止于神,安止于与神的崇高统一。

b 738 第二种不稳定,即源自寒冷的发烧和不稳定,由这样的一些人拥有,他[她]们的意向中有神,但同时还有其它那些被无节度地追求和意念着的东西。这种发烧来自寒冷,因为如果激起德行工作的除了神之外还有异己的东西的话,那么其中就几乎不会有博爱的温暖。这些人的心不稳定,因为在他[她]们做的每一件事上,本性都偷偷地寻求它自己的东西;他[她]们往往没有意识到这种情况,因为他[她]们没有很好地了解自己。这些人们选择了一种样式,(可)又宣布放弃它,然后再选择和放弃另一种方式。今天他[她]们希望向这位神甫忏悔,从他那里得到对于他[她]们整个生活的指导；可明天又去选择另一位。他[她]们愿意去在每件事上都征询别人的意见，却很少（愿意）去遵循任何人的忠告。对于人们不同意和责备于他[她]们的所有事情，他[她]们都要加以辩解，以证明其正当。他[她]们有许多可爱的言词，但几乎没有什么实质内容。他[她]们常常喜欢得到对于他[她]们德行的赞美,（却）不愿做出努力。他[她]们总想让他[她]们的德行被人知晓，因此这些德行对于他[她]们和神来说，就都是无益的和无味的了。他[她]们希望去教导别人，却不愿自己被教导和被责备。一种朝向自己的自然倾向和一种隐藏的骄傲，使得他[她]们不稳定。这些人行走在地狱的边缘，如果再走错一步，就会落入其中。

b 755 由这种不稳定的发烧，有时会在一些人那里产生出三日热或三日疟，即疏离于神和他[她]们自身，疏离于真理和所有的德行。因此，此人就落入了一种混乱，使得他[她]不知道他[她]站立在何处或应该做什么。这种疾病要比其它的任何病都让人担心。

b 759 出于这种疏离，一个人会时时染上被叫作双重三日热的病，也就是玩忽懒散。这时，这三日热就被加倍了，他[她]就很难被治愈了，因为他[她]变得对于自己的永恒生命所需的一切都冷漠和疏忽了。因此，他[她]会堕入那些从不知道神的人们所犯的罪之中。如果这种情况在那些处于被遗弃状态中的且自律不佳的人那里发生，那么那些从不知神、不知内在生活，也从不知善人们在他[她]们的实践中所品尝到的东西的人们，就应该有大恐惧了。

在这四种样式中的基督榜样

b 767 我们必须在光明中行走，以便不迷路；必须遵循教给我们

第二部分和第三部分 "新郎来了,出去" 87

这四种样式的基督和那些在我们之前走过(这四条道路)的人们[的榜样]。基督这光辉的太阳,在三位一体(drivoldicheit;Trinity)的至高天空和他的荣耀母亲的黎明中升起;这位圣母马利亚过去是、现在也是所有恩惠之白日的黎明和开始,我们将在此恩惠中得到永恒的欢喜。

b 771 请注意:基督已经并仍然具有第一种样式,因为他是单纯(心灵)的和统一的。在他里面,过去和现在都聚集和统一了所有的德行和受造者,这些德行已经并将被不断地被实践,而这些受造者也已经并将不断地实践德行。以这种方式,他就是圣父的独生子(eenich sone;only Son),与人类本性相统一。而且,他是内在的,因为他将那点燃了所有圣者和善人的火种带到世间(erdenrike (eertrijcke);earth);他对于他的圣父和所有那些想要永恒地享用他的人们,充满了可感觉到的深情和忠诚。他的献身和他的爱情,为了所有人类的需要而在他的圣父面前高举起那燃烧着欲望的心灵。他的所有生命,所有的内外工作,所有的话语,都是对于他的圣父的感谢、赞美和荣耀。这就是第一种样式。

b 783 基督这可爱的太阳还要闪耀和照射得更灿烂和热烈,因为在他里面过去和现在都充满了一切恩惠和赠品。因此,基督的心灵、态度、谈话和服务,涌流(出来并且流)进了仁慈、温顺、谦卑和慷慨之中。他是如此地亲切和可爱,所以他的谈话和他的在场(本身)吸引了所有那些本性良善的人。他是无瑕的百合和公共田野上的花朵,所有的善人都从中吸吮到永恒甜美和永恒慰藉的花蜜。就基督的人性而言,他因为这人性所接收到的所有赠品而感谢和赞美他的永恒圣父,也就是[作为]所有赠品和礼物[来源]的父亲。就基督的灵魂所拥有的更高能力而言，他超出所有的赠品而在与神的崇高统一中安止，从这种统一中，一切赠品涌流出来。通过这种方式，他具有了第二种样式。

b 797 基督这光辉的太阳还要闪耀和照射得更高、更亮和更热烈，因为（在）他人生的所有日子里，他的众身体官能和他的敏感性、心灵和感官被圣父所掌握和召唤，达到了最高的荣耀和至福；对于它们，他现在通过自己的身体的众官能而感性地品尝着，而且他还通过自己的感情而自然地和超自然地朝向之。尽管这样，他在这放逐中希望遵守圣父预见并在永恒中判定的时间。以这种方式，他具有了第三种样式。

b 803 当基督要将所有已经实践或将要实践的德行之果收集到永恒王国中来的时候，这永恒的太阳就适时地开始沉降。这是因为，基督让自己受到屈辱，将身体生命交到他的敌人的手上，在这种困窘中，他的朋友们不再认他，抛弃了他。他的本性被剥夺了所有的安慰，无论是内在的还是外在的；压在那上面的，是悲惨、折磨、嘲弄、烦恼和重负，以及按照公正原则来为所有罪恶赎罪（的代价）。他就在谦卑的忍耐中来承担它。他在这种被遗弃中卓越地完成了爱的工作，因此重新赢回了我们永恒的遗产。于是他在其高贵人性的较低部分被丰富化了，因为正是在那里他为了我们的罪而遭到折磨之苦。为了这个原因，他被称为这个世界的救星，得到辉煌、荣耀和赞美，坐在他圣父的右手，庄严地统治着。在天堂、地上和地狱中的所有被造者，都在他那永恒的崇高名字前屈膝下跪。

b 818 那真实地服从神的诫律而在道德德行中生活的人，他［她］

按照圣灵的方式和驱动而行事,进入圣灵的动人处,听到圣灵的内在话语,正如内在德行中的正义所要求的那样;他[她]既不在时间中也不在永恒里来寻求他[她]自己的东西,而是以真正的忍耐来平衡和承受黑暗、苦难和各种悲惨,为所有事情感谢神,在谦卑的(自身)放弃中将自己奉献给神;如果他[她]是这样的一种人,那么他[她]就在内在实践的方式上,接受到了基督的第一种来临。他[她]就凭借一种内在的生活而走了出去,并在自身中通过丰富的德行和赠品——心灵的自然活力和身体及感觉的统一——来充实这种生活。

b 827 当一个人被彻底地纯净化并得到宁静,并就其(本性的)较低部分而言进入了内在境界,那么,在神所认为的合适时刻并给出命令的情况下,他[她]就会被内向地照亮。如果他[她]将自己完全献给神的意愿,放弃自己的全部所有权,也就是一切东西所依赖的那种所有权,那么他[她]就可以在他[她]皈依的一开头就被立刻照亮。但是,他[她]接着也必须经历上面显示过的那些样式和道路,不管是外向的还是内向的。不过,他[她]的这些经历要比那从下面往上攀登的人容易些,因为他[她]比那种人有了更多的光明。

乙、第二种来临,进入更高的能力,
类比于涌出三股水流之源泉

b 836 现在我们要继续说到基督在内向实践中来临的第二种方式,通过它,一个人灵魂中的三种更高官能被提升、照亮和丰富化。我们将这种来临比作一眼有着三股水流(drie rivieren;three streams）的活泉（levendet founteynen；living fountain）。这眼让这三股水流涌流的源泉，就是在我们精神统一中的神恩充满（de volheit der gracien gods；the fullness of the grace of God）。在那里，这恩惠起作用的方式（既）是本质性的，即通过（它[在我们本性中]的）居留，像一眼满溢的源泉；（又）是活动式的，即通过（它的）流出，使众水流注入灵魂的每种官能，以满足它们的需要。这些水流是神进入这些更高官能的特别流注或作用，在它们里面，神凭借多种样式的恩惠中介而运作。

第一道水流，它使记忆统一

b 846 在此来临里，神使之流动起来的第一道恩惠水流是一种纯洁的单纯性，它无分别地在精神中闪耀。在这源泉里，此道水流始于精神的统一，直接下注和弥漫（doregaen（doregheet）；pervade）到灵魂的所有官能中，无论是高的还是低的；它将这些官能提升到超出所有多重搅扰的高度，在人里面产生出单纯性，并在他[她]的精神统一里呈现和提供一种内向的联系（inwindighen bant；inward bond）。于是这人的记忆（me[e]morie[n]；memory）就被提升，摆脱掉陌生观念的侵入和不稳定状态。

b 854 在这种光亮里，基督要求一种"出去"，即按照这种光亮和这种来临的样式的出去。因此，凭借这流注到他[她]里边的单纯之光，此人就出去并观察到和发现他[她]自己（乃是被）置身于、稳定于、弥漫于、维持于他[她]的精神统一或他[她]的心灵统一里。于是这人就被高举到或放置到了一个新境界中：他[她]转向内部，并超出一切感官印象的入侵和多重性，将他[她]的记忆集中于赤裸的空白（blootheit，bareness）上。他［她］在这里拥有了自己精神的本质的乃至超自然的统一，以作为自己的住所和他［她］永恒的（及）人格的自身继承。他［她］总是具有一种朝向此同一个统一（die selve eenicheit，the same unity）的自然的和超自然的倾向。凭借神的这个赠品和一种单纯意向（eenvoldighe meyninghe；a simple intention），此同一个统一具有了朝向那个崇高统一的永恒之爱的倾向；在这崇高统一里，圣父和圣子在圣灵的联系中与所有的圣者们统一起来。凭借这个，此人就响应了要求统一的这第一道水流。

第二道水流，它照亮了理解力

b 867 凭借内向的感情、爱的倾向和神圣的忠诚，在精神的统一中就涌流出神恩充满的第二道水流，即一种精神的清澈，它流入并照耀在理解力或知性（verstaene；understanding）之中，提供许多样式的区别（ondersceite（ondersceede）；dinstinction，discernment）。原因是，这光亮在所有德行中表明了而且实际上提供了区别。但是，它并不完全处于我们能力的掌控之中，因为尽管我们在自己的灵魂中总有此光亮，却是神使得它沉默或发话，只有神才能使之表现或隐藏起来，在适合（他）的时间和地点给予它或取走它，因为这光亮是属于神的。他在他意愿之时、之处，他意愿的人和物那里，运作在这光亮中。这些人们完全不需要任何启示，也不（需要）超出感官地出神［就能获得这光亮］，因为他［她］们的生活、居住、交谈和他［她］们的（自身）存在就超出感官和感性而处于这精神之中；在那里，神向这些人们显示他所希望的，以及对于他［她］

们或其他人来说，什么是必要的。尽管如此，只要神愿意，他还是能够将这些人的外向感官剥夺掉，向他[她]们显示内在的陌生印象和以许多样式出现的未来事物。现在基督要人遵循这光亮的样式，走出去行在光亮里。

b 883 于是这被照亮的人就要出去并审视他[她]的内外状态和生活，看他[她]是否与基督之间有着完美的相象（ghelijc；likeness），不管就基督的人性还是神性而言，因为我们是按照神的意象（beelde；image）和样子（ghelijcke，likeness[肖像]）被创造出来的。他[她]就抬起他[她]那被照亮的（verclaerde，verlichter；enlightened）眼睛，凭借被照亮的理性，朝向智性的真理，并且以受造者的方式来察看和注视神的崇高本性及神里边的不可测度的属性，因为各种不可测度的德行和运作都属于一种不可测度的本性。

b 890 神的崇高本性被如此察看和注视到：它是单纯的和一重（eenvoldicheit；one-foldness）的，不可企及地高耸，无底之深，无尽之广，永恒之长；它是黑暗的沉静（duystere stille；dark stillness），荒野的沙漠（welde woestine；wild desert），是所有圣者在统一中的休憩所，也是它自身和所有在永恒中的圣者们的共通欢乐。而且，人还可以在这神性的不可测度之海中看到许多奇异之事。即便我们由于众感官的粗糙而具有感觉印象，从外边对于这些感官表示出（如此的）惊奇，但当这惊奇从内部被察看和注视时，却原来是一种没有样式的不可测度之善。但是，如果这善被从外边显示，它就披上了印象的外装和多种样式，[至于披上什么外装和样式，就]依靠那显示和产生它的人的理性所具有的启明（verclaert；enlightenment）程度[而定了]。

ᵇ ⁹⁰⁰ 这位被照亮的人还将察看和注视圣父在神性中的种种属性：他如何是全能的和庄严的，如何是创造者、维持者、推动者，又如何是始与终，是所有受造者的原因和第一原则。这恩惠的水流清澈如鉴地向此被照亮的理性显示出这些。

ᵇ ⁹⁰⁴ 它还展示永恒道言（eewighen word; the Eternal Word［圣子］）的众属性：无底的智慧和真理，所有受造者及（其）生活的榜样，永恒的、不可变的法则，一种专注的观看和对于所有事物的未被筛选的和穿透性的视力，一种在天堂和地上的所有圣者所具有的、符合其尊严的光明穿透力和被照亮状态。

ᵇ ⁹⁰⁸ 由于这道清澈之流给予了区别性的样式，它也向这被照亮的理性显示圣灵的种种属性：不可理解地广大博爱和慷慨，慈悲和施惠，无限忠诚和仁慈，无边的、巨大的丰富溢流和无底的善意，用至福来灌注所有天上的精灵；又是一团炽热的火焰，将一切烧熔为一体；一眼富饶涌流的源泉，按照每个人的需要而给予特别满足；一种预备和引导，使所有圣者得到他［她］们的永恒至福；一种拥抱和充满，让圣父、圣子和所有的圣者进入他［她］们欢乐的统一。

ᵇ ⁹¹⁶ 在神性的那一重化的（eenvoldich（eenvoldigher）［单纯的］; one-fold）本性中，这个情况被作为整全者和不可分于者而察看和注视。然而，如果以我们的方式来审视它们，这些属性就以多重区别的方式而对人存在着；因为对于我们的视力而言，在庄严、善良、慷慨和真理之间，就会存在着巨大的区别了。尽管如此，［实际上］一切都存在于统一中，在神性的崇高本性中都是不分别的。

ᵇ ⁹²² 然而，那些构成了位格特点的诸关系处于一种永恒的区别之中。因为这圣父不停地生出他的儿子或圣子,但他自己却不出生;而圣子尽管出生,却不能生出[圣父]。因此,此圣父总是在永恒中不断拥有一个圣子,而圣子也总是在永恒中不断拥有一个圣父;这些就正是圣父与圣子,以及圣子与圣父的关系。而圣父与圣子的呼吸激出了(gheesten;spirate[呼出了])一个圣灵(gheest,Spirit),即圣父子的意愿或爱。此圣灵既不生出也不出生,而必须永远被呼吸激发出来,也就是从那两者中涌流而出。这三个位格是一位神和一位圣灵。所有这些属性以及(它们的)向外涌流的实现过程,对于所有的位格来说都是共通的(ghemeyne,common),因为它们是在一种一重本性的力量中运作的。

[b 932] 这神圣本性的不可思议的丰富、卓越和外溢着的慷慨共通性,使一个人进入一种惊异(verwonderen;astonishment)(的状态)。他[她]特别惊异于神的共通性及其溢流的广泛性,因为他[她]在这不可思议的本质中看到了神和所有圣者们的共通欢乐,他[她]还在这[三个]神圣位格那里看到了共通的溢流utevloeyen(uutvloeyen)[外溢];outflow[ing])和(共通的)实现过程,它们按照每个存在者的价值、需要和接受力,运作在恩惠和荣耀之中,在自然和超自然之中,在所有的地方和所有的时间中,在圣者们和凡人们那里,在天堂和人间,在所有的受造者——无论它是理性的、非理性的还是物质的——那里。他[她]观看(到),太阳和月亮、构成所有受造者的四元素以及[七层]天空的运行路线,都(被)共通地创造出来。神以及他的赠品是共通的。天使是共通的。灵魂在它所有的官能中,在整个身体(lijf(live);body)里,在它[统辖]的所有成员里,都是共通的;而且(它)在每个成员或部分中都是完整

地存在着，因为它不可分的，除非被理性化［地加以分析］；因为按照理性，较高的和较低的官能、精神和灵魂之间是有区别的，但实际上，它依其本性只是一体。因此，神是整全地和特殊地处于每一个存在者里边，但同时，他对于所有的受造者来说又是共通的，因为所有的东西都通过他而存在，而且天地和所有的本性都悬挂在他里边并依凭于他。

b 949 当一个人审视这神圣本性的奇妙丰富和卓越，以及神赐予、提供给他的受造者们的多种赠品时，此人心中就对如此伟大和多样的丰富、卓越乃至神对待他的受造者们的无限忠诚生出一种惊异，从中就涌出一种特别的精神上的内向欢乐和对于神的巨大信任（toeverlaet；confidence）。这种内向欢乐拥抱和弥漫进灵魂的所有官能和精神的统一性之中。

第三道水流，它点燃爱中的意愿

b 956 凭借这欢乐、恩惠充满和神圣忠诚，在这同一个精神统一里涌流出了第三道水流。这股水流将意愿点燃如一团火焰，将一切东西吞噬和销熔为统一，并带着丰富的赠品和特别的高贵性（edelheit；nobility）溢出到灵魂的所有官能中，在意愿中产生出一种无须费力的奇妙精神之爱（eene subtile gheestelijcke minne zonder aerbeit，a subtle spiritual love without labor）。

b 960 通过这道燃烧着的水流，基督在精神中内向地说道："依从这些赠品和这种来临的样式，在实践中走出去。"凭借第一道水流，即一种一重化［或单纯］的光明，记忆被高举到（任何）感官的侵入之上，在精神统一中得到建立。凭借第二道水流，也就是被注入的清澈性，理智和理性被照亮，以便区别性地知晓许多德行和实践的样式，以及圣经的神秘。而通过这吸入精神炽热的第三道水流，那更高的意愿被点燃于沉默的爱情之中，具有巨大的丰富性。于是这人就成为一个在精神上被照亮者，因为神的恩惠在精神统一中作为一眼源泉而出现，而且这水流在众官能里引起了带着德行的向外涌流。还有，这恩惠的源泉总要求一个回流，回流到那引出涌流的同一个根源处。

b 973 一个在爱的联系（bande van minnen, the bond of love）中成立的人应该一直居住在他[她]精神的统一中；他[她]应该凭借被照亮的理性和在天地间的丰富清澈性走出去，以清晰的分辨力审视一切东西，并且源自神圣的丰富性和真正的慷慨，去分发一切东西。这位被照亮的人被要求而且倾向于以四种样式走出去。第一种样式是朝向神和所有的圣者。第二种样式是朝向罪者和所有误入歧途者。第三种走出去的样式是到炼狱中去。第四种则是朝向他[她]自己并朝向所有善者。

b 981 现在要这么理解：这人要走出去，在神和所有圣者的荣耀中来观想神；按照所有精神存在者（gheeste, spirits①）的胃口，他[她]会注视神的丰富和慷慨的涌流，这涌流带着荣耀、神本身以及流入所有圣者里边的不可思议的至福。而且，还会注视它们如何带着它们自身以及一切它们所接受的和能够做成的，回流到所有至福所源出的那同一个丰富的统一性中。神的涌流总要求一个回流，因为神是那潮汐涨落的大海，不停地流入他所爱的一切，照顾

---

① 这里指人的精神本性。

到每个存在者的需要和尊严。而且,他会一再退潮,将所有那些他赐予天地间赠品的[精神]存在者们以及他[她]们所具有的和所成就的一切,都带回来。

　　b 990 对于某些人,神要求的比他[她]们能够做成的要多,因为他如此丰富、慷慨和无尽善意地显示出自身,并在这种展现中要求相应于他的尊严的爱和敬意。神要我们按照他的高贵性来爱他,但所有的精神存在者都做不到这一点。因此,[如果要有相应于神的高贵性的爱],他[她]们的爱就[要]成为无样式的和无方式的了。他[她]们既不知道如何达到它,又不知道如何引出它,因为所有精神存在者们的爱都是有方式的。所以,爱总是从起点处再次起头,使得神可以按其所要求的、按照他[她]们①所欲望的被爱。因此所有的精神存在者不停地聚集起来,形成一团在爱中熊熊燃烧的火焰,以便他[她]们可以完成那项按照神的高贵性而爱他的任务。[从]理性[的角度可以]清楚地表明,这对于受造者们是不可能的,但是爱总要去充分地满足爱[的神圣要求],不然(的话),它就[宁可被]销熔掉、燃烧光,乃至在失败中消失净尽。尽管如此,神却总是不能被所有的受造者按其高贵性来热爱。对于被照亮的理性来说,它的神、它的所爱是如此崇高和丰富,以至超越了所有的受造官能,不会被任何人而只能被神自己按其高贵性而热爱,这却正是巨大的幸福和快乐之所在。

　　b 1006 这个丰富的、被照亮的人授予所有的天使群(coere,

---

①　即精神存在者们。

choirs)①、精神存在者[以赠品]，特别是按照每一位的高贵性[而授予赠品]；他[她]这么做，是出于他[她]所皈依的神的丰富性，出于他[她]根本处的慷慨，而这根本处已经被照亮，带着巨大的惊异在溢流。他[她]在所有的天使、所有（给予神的）的赞歌和所有的存在者中四处巡行，按照每一位的高贵性而观察神在其中的居留。这位被照亮的人在所有的天使军（hemelsche heer, heavenly hosts）中快速地、精神性地游历，丰富且溢流着博爱，使得整个天使军变得丰富，得到许多新的荣耀；所有这些都来自神圣本性，即这本性所具有的丰富溢流着的三位性和一体性。这就是第一种"出去"，出到神和他的圣者们那里去。

  b 1016 这个人有时应该带着深切的同情和慷慨的慈悲到罪人们那里去，以内在的虔诚和许多祈祷将他[她]们呈现给神，并且提醒全善之神他自身的存在和他能做的事情，以及他为我们已经做的及允诺去做的（一切事情），就仿佛他已经忘记它们似地；这是因为他需要被恳求，而博爱[也]要得到它愿望的一切东西。然而，博爱既不执拗也不顽固，只是将一切交付给神的大方和慷慨，因为神没有方式地[不分彼此地]爱着。在这[无界之爱]里，这位爱者才得到最大的满足。由于这人怀抱一种共通之爱，就祈祷和希望神让他[即神]的爱和悲悯流向非基督徒、犹太人和所有的无信仰者，以便让神在天国中被爱、被了解和被赞美，而我们的光荣、欢乐与和平可以延展到这世界的每一个角落。这就是第二种"出去"，朝向罪人们而出去。

---

① 此天使群有高低不等的九位，人的精神存在性在其中得到滋养。

ᵇ ¹⁰²⁹ 这人有时看到他[她]那些在炼狱（vagheviert；purgatory）中的朋友们，观想到他[她]们承受的悲惨、渴望和令人悲痛的折磨。于是他[她]就要祈求和呼吁神的恩惠、慈悲和慷慨，把他[她]们的求善意愿、巨大悲苦和渴望显示给神的慷慨；提醒（神）道：他[她]们过去是在爱中死去的，他[她]们所有的信心都在神的悲悯之情和恩惠里。要知道：这被照亮的人有时候特别被圣灵所驱动，去为某事、某罪人、某灵魂或某种精神利益祈祷；他[她]的祈祷达到了这样一种程度，使得他[她]明了和知觉到这祈祷其实是圣灵的运作，不是（他[她]的人类）本性的坚持和执拗。所以一个人间或会变得如此内在，在他[她]的祈祷中被如此点燃，以至于竟受到了一个精神上的回应，告之他[她]的祈祷已经被听到了，随着这同一个信号的出现，精神上的冲动和祈祷就（都）结束了。

ᵇ ¹⁰⁴² 现在一个人应该来到他[她]自身，来到所有具有善良意愿的人们那里，品味和观想他[她]们在爱中得到的同伴友谊和协调一致；他[她]就应该愿望和祈祷神，让其以往的赠品继续流淌，使得他[她]们可以永远保持在神的爱和永恒光荣里。这被照亮的人应该忠诚地、聪明地来指示、教育、劝说和服务所有的人们，因为他[她]心中怀有共通之爱。所以他[她]是神与众人之间的中介。他[她]应该与所有的圣者和善者一起，完全转向内心，在平和心境中拥有他[她]精神上的统一，乃至拥有所有精神存在者们所安止于其中的神的崇高统一。这是一种真正的精神生活，因为所有的样式和德行，不管是内向的还是外向的，以及灵魂的更高官能，都因此而合理地被超自然地丰富化了。

偏离这条道路的人们

^{b 1053} 我们发现有这样一类人，他［她］们精于语词、善于表现高尚的东西，但却没有品尝到这种被照亮的样式，也没有这种慷慨中的共通之爱。为了让这些人可以了解其自身并被其他人辨认，我将通过三点来向你们展示。在第一点中，他［她］们能够辨认出自己；而在另外两点中，任何理智的人都可以辨认出他［她］们。

^{b 1059} 第一点是：凭借神圣之光，一个被照亮的人是一重的、稳定的、脱开了（多重）考虑的；但这类人却是多重的、不稳定的，充满了各种推测和思虑；而且他［她］们没有尝到任何内向的统一或不被印象干扰的宁静。由此，他［她］们就可以辨认出自己。

^{b 1064} 第二点是这样的：被照亮的人具有由神注入的智慧，凭借它，他［她］清晰地、不费力地认识到真理；但这种人有的是精巧的观念，通过它们他［她］聪明地想象、思想和观察。可他［她］从根基上是不丰富的，给出自己的教导时也是不慷慨的，他［她］的学说则是多重的，涉及到奇怪之物，又是精巧的，干扰、阻碍和打断内在的人们；因为它既不引到（心灵的）单纯性上，又不指向它，而是教导人们以灵巧的方式在多样性中来考察（事物）。这些人在捍卫自己的学说和意见时非常固执，即便另外的看法并不比他［她］们的差。他［她］们不关注实践，也不在乎德行。他［她］们终其一生，从精神上是骄傲的。此为第二点。

^{b 1075} 第三点是：如你们已经听到的，那被照亮的、充满爱意的人的博爱在天地间共通地涌流；而这种人则在所有事情上斤斤计较于特殊者。他［她］认为自己是最智慧和最好的。他［她］要人们

高看他[她]的想法和教导。在他[她]看来,一切他[她]没有教导或建议的东西,还有那些不追随他[她]的道路、不服从于他[她]的人,都肯定是误入歧途的。在(满足)自己的身体需要方面,他[她]是宽容的和无界限的,并忽视小错误的危害。这种人既不公正、谦卑、慷慨,不服务于穷人,也不内在、热烈,不敏感于神圣之爱;他[她]没有在真正的德行中知道神,也没有知道他[她]自己。这就是第三点。

b 1084 你们要思索、了解并避免这些东西,既在自己身上,也在所有你们认识的人那里。但不要断言任何人有这些问题,除非你发现他[她]的过失妨碍了工作;不然的话,它将污染你的心,(阻塞这心去)认识神圣真理。

基督的榜样:在共通中将我们自身交给一切

b 1088 为了让我们在讲过的所有的样式之上,拥有和欲望这种共通的样式——因为它是最崇高的,我们要将基督当作我们的榜样,因为他过去和现在都是最共通的,而且将永远如此;因为他作为共通者被送到人间,为了所有转向他的人的利益。尽管如此,他自己却说他只是被送给以色列(Israhel;Israel)之家[即犹太人]那些迷失的羊的[《马太福音》15:24]。但这不仅仅指犹太人,而是说,所有那些永恒地凝视神的人,而不是任何其他人,都属于以色列的家。由于犹太人拒绝福音,异教徒们[却]进来接受了它,因此,所有的以色列人,也就是所有那些被永恒地挑选出来的人,就被拯救了。

b 1097 现在来看基督如何将自己作为真正忠诚里的共通者而交出的。他那内在高举的祈祷是共通的,它流向他的圣父,为了所有那些希望被拯救的人而发。基督在爱中,在教导中,在规劝中,在柔和的慰藉中,在慷慨的给予中,在同情、怜悯的宽恕中,都是共通的。他的灵魂和身体,他的生死与奉献过去是且现在也还是共通的。他的圣礼和赠品也是共通的。基督从不为了他的身体而接受食物或任何维持物,而是为了所有那些到末日得拯救者的共通利益而要它们。基督没有真正属于他自己的东西,一无所有,他有的都(是)共通的:身体和灵魂、母亲和门徒,长袍和短衣。他为了我们的缘故而吃而喝,为了我们的缘故而生而死。他受到的折磨、痛苦和不幸,是完全属于他自己的,但它们产生的利益和好处,却是共通的,因此他成就的荣耀将永远是共通的。

b 1110 基督已经将他的财宝和所有留在了地上,它们是七种圣礼和圣教会的外在财产;它们是基督用他的死挣下的,因而应该是共通的。那些用这些财富生存的他的仆人们,也应该是共通的。所有那些靠布施并在教会中生活的人,比如神职人员以及所有那些在修道院和隐居处的人,都应该是共通的,至少在祈祷中应该如此。在神圣教会和我们信仰的初期,教皇、主教和神甫都是共通的,因为他[她]们使人民皈依、创建教会、树立我们的信仰,并用他[她]们的死和血来完成之。他[她]们是单纯的和一重化的,在精神的统一中具有稳定的平和;他[她]们被神圣智慧所照亮,在忠诚里丰富且充足,在博爱中朝向神和人民。

b 1120 但今天的一切都与之相反了。现在拥有这遗产和所有——本是[基督]出于爱并为了他[她]们的得救而给予他[她]们的——的人们，其根基是不稳定的，而且（他[她]们[的精神]也是）不平和的与多重的[或不单纯的]。原因是，他[她]们完全朝向这个世界，不严肃观想他[她]们所掌握的东西和事情。所以他[她]们只用嘴来祈祷，其心却不品味所说的东西，也就是说，他[她]们的心不去品味隐藏在圣典、圣礼和他[她]们职责里的奇异之处，完全感觉不到它。这也就是他[她]们在神圣真理方面如此粗糙、迟钝和无光亮的原因。有的去追求好吃好喝，以不得体的方式（去）得到身体的舒适——却要对于神显得好像他[她]们清洁了自己的身体似的！① 只要他[她]们以这种方式生活，就绝不会被照亮。先辈是慷慨的，是在博爱中溢流的，自己什么也不把持，与之正相反，这些后来者们中的一些人却吝啬和贪婪，不放弃任何东西。这与圣者们和我们说过的那共通的样式就完全背道而驰了。我这里说的是一般的倾向。让每个人来检查自己，如有必要，就开导和责备自己。如果他[她]没有这种必要，那就让他[她]在自己的纯善良心中具有欢乐、安止和平静吧，（让他[她]）服务、赞美神，并为了神的荣耀而对于他[她]自己乃至对于所有的人都有用吧。

b 1140 因为我希望特别赞美和荣耀这共通样式，我发现，基督留在神圣教会中的另一颗特别的珍珠，对于所有的善人来说也都是共通的。[这就是:]在逾越节盛宴的晚餐中，那时基督正要从[在此世的被]放逐去往他的圣父那里，他与他的门徒们吃过了逾越节的羔羊，满足了旧律法；在此餐宴的末尾，他希望给予门徒们一个他

---

① 破折号后面的话，从字面上看，是吕氏表达的希望:希望神让这些人洁净自己的身体。但事实上，他们没有这么做。

早就渴望给予的特别的饭后甜食,由此而结束旧律法,开启新律法。他将面包拿在他那神圣、尊贵的手中,用他的神圣身体使它变体[或为它祝圣],接着又用他的神圣血液使它变体;于是他将这面包作为共通物给予了他的门徒们,同时也就为了(所有善人的)永恒利益而将它作为共通物传给了所有的善人们。这个赠品,这个甜食,鼓舞和丰富了天地中的所有盛宴和圣餐。

b 1151 在这个赠品中,基督以三种方式将他自身给予了我们。他给予我们以他的肉与血和他那被赞美的、充满欢乐和甜蜜的身体生命,他又给予我们以他那具有更高官能的精神,充溢着光荣与赠品、真理和正义。他还给予我们他[在三位一体中]的位格(persoenlijcheit, personality),此位格具有提升他的精神和所有被照亮的精神存在者进入崇高的欢乐统一中的神圣清澈性。

b 1156 现在基督希望我们每次尊奉、呈现和接受他的身体(lichame; body)时,都记念他。我们还应该认识到该如何记念他。我们应该观想和注视,基督如何以热爱的深情、巨大的愿力和身体的渴望,通过进入我们身体本性的衷心流注,而趋向我们;这是因为他给予了我们他从我们的人性那里接受到的东西,也就是血与肉,以及他的身体本性。我们也应该观想并注视这个珍贵的身体,它完全是为了这爱和忠诚,为了我们的缘故而被折磨、刺穿和伤害。以这种方式,我们人性的较低部分被基督的光辉人生所丰富和满足。

b 1165 在此圣礼的崇高赠品中,基督还给予了我们他的精神,这精神充满了荣光和丰富赠品,以及德行、难以言表的博爱奇珍和高贵性。于是我们在我们精神的统一和更高官能中,凭借基督的丰满居留而得到充实、丰富和照亮。

b 1169 而且,在圣坛上的圣礼中,他给予我们他那在不可思议的光明中的被升华人格。我们由此而被统一和转送到圣父,而此圣父接受了与他的本来之子在一起的那些被他选择的儿子们。我们就在永恒的幸福中进入到我们的神性天赋中来。

b 1173 当一个人做了他[她]应该做的,也就是已经回忆和观想到了这些事情,他[她]就会以每一种基督来临于他[她]的方式迎接基督。他[她]应该以(他[她]的)心灵、意愿、感动的深情、所有的官能和渴念的欲望,来将自身抬升,去接受基督。也正是因为如此,基督就接受了他[她]。这种欲望越大越好,因为我们的本性接受它的本性即基督的人性时,充满了光辉、欢喜和尊严。因此,在这接受之际,我希望那人由于欲望、欢喜和至福而融化掉、涌流走。还因为,他[她]所接受的和与之统一的,乃是所有人类的儿子中最美好、最仁慈和最可爱者。在这渴念着的献身和欲望中,某种巨大的善常常降临到这人身上,而且通过神的丰富慷慨,许多被秘密隐藏着的奇异向他[她]显露。

b 1184 在这接受之中,当一个人回想到基督的壮烈殉道和他[她]所接受到的基督的珍贵身体所受的苦难时,他[她]有时就会变得如此投入这爱的献身,感受到这样一种热情,即他[她]要与基督一起被钉在十字架上,要为了基督的荣誉而喷出他[她]心中的一腔热血,要强使自己进入基督他[她]的救星的伤口和敞开的心胸。在这么做时,常常出现这样一种情况,即许多东西向此人显示,许多善事落到他[她]头上。这种感动中的深情,与热情、强烈想象力以及对基督伤口的内在观想一起,可以达到如此巨大的程度,以至于一个人可以认为他[她]在自己的心上和他[她]的所有身体部分上，都感受到了基督的伤口和撕裂之痛。如果任何人能以任何方式真实地接受到我主伤口的记号，那么他就是此人。这就是我们如何就基督人性的较低部分来使基督满意的方式。

b 1196 我们还应该居留在我们精神的统一中，凭借那可上天下地的广阔博爱而在清晰的辨别力中涌流，通过这种方式，我们就在精神上与基督相象，让他满意。

b 1198 更进一步，我们应该通过基督的位格－人格性（persoenlijcheit；personality），以一重意向和引起欢乐之爱，超越我们自身乃至基督的被创造性，安止于我们的天赋即永恒的神圣本性之中。这就是基督总想从精神上给予我们的（东西），只要我们如此这般地去做，去为（接受）他而准备好。他希望我们从圣礼中和精神上来接受他，如果那是合适的、妥当的和合理的。即便一个人可能既没有这种情感也没有这种愿望，但只要他[她]想得到神的赞许、神的荣光和他[她]自己的增长和幸福，只要他[她]具有无致死之罪的良心，他[她]也可以自由地走向我主[行圣餐礼]的桌台。

丙、第三种来临，进入精神的统一，比喻为造就一眼源泉的那道水脉

神与我们精神的关系

b 1208 在崇高的神圣本性的超本质统一那里，圣父与圣子在圣灵的统一中拥有他们的本性，这超本质的统一超出了我们所有官

能的把握和理解，处于我们精神的赤裸本性之中。在那崇高的宁静里，神超越了所有受造的光明中的受造者。这种神圣本性的崇高统一乃是活着的和果实累累的，因为出自这同一个统一，永恒的道言（woort；Word）[即圣子]不停地从圣父那里出生，而凭借这种出生，圣父知晓了圣子和圣子中的所有事物。此圣子在圣父中知晓圣父和圣父中所有的事物，因为它们都是一重本性的。从圣父与圣子在永恒光明中的相互凝神，涌流出一种永恒的满足，一种不可测度的爱，这就是圣灵。通过圣灵和永恒的智慧[即圣子]，神以个别的方式朝向每一个受造者；按照此受造者的高贵性，按照他[她]身处的状态，以及他[她]因（其）德行和神的永恒天命而被选择的状态，神在爱中安置和点燃每一位。于是，所有在天堂中和地上的善良精神就都被鼓动到德行和公正中来。

b 1223 现在请注意，我将用一个比喻来向你们显示这些意思。神创造的最高的天是一种纯粹的一重化光明，它环绕着天和神创造出的一切物质体；因为它乃是神和他的圣者们的外向居所和王国，充满了光荣和永恒的欢乐。由于这层天是一种永恒的、不掺杂的光明，其中就既无时间亦无空间，也没有运动和任何其它变化，是所有事物之上的稳定和不变。紧挨着这最高天的天空叫作原初运动（eerste beroeringhe；prime motion），所有的运动以此为源，通过神的力量从最高的天那里发动。凭借它，天空和所有的星辰循序运转，所有种类的每一个受造物出生和成长。

b 1233 要知道，灵魂的本质以同样的方式乃是神的精神王国，只有一重化样式，充满了神圣的光明并超出我们的众官能；关于它，我现在还不打算来讨论。在神统率的灵魂的这种本质之下，是我们精神的统一,这正如那原初运动,因为在这种统一中,精神靠神的力量被自然地和超自然地从上方推动。这种神的推动,就其为超自然的而言,就是所有德行的第一首要原因。在神的这种推动中,有些被照亮的人们就被给予了圣灵的七种赠品,正如照亮和丰富了所有人类生活的七颗行星一样。

b 1242 这就是神拥有我们精神的本质统一以作为他的王国的样式,神通过它而[在我们的精神中]运作,带着赠品溢流到我们的潜在统一中和我们的所有官能中。

一个人如何为这第三种来临做好准备

b 1246 现在要特别注意如何才能在被造的光明中追求和具有我们精神的最内在实践:他[她]必须通过外向生活里的道德德行而得到极大的丰富化,而通过内在实践,他[她]上升到高贵性之中,在神圣的平和中拥有他[她]的精神统一,被超自然的智慧照亮,带着慷慨的博爱涌流入天地,上升并带着荣誉和敬意再次回流到原来的基地中,回到所有水流所源出的神的崇高统一里。对于每一个受造者而言,随着它受到的神赐越来越多,相应地,它对于自身的来源[即神]也就有了越来越多的供奉之爱以及(越来越多的)内在献身;这是因为,神和他的赠品命令我们(去)进入他,而通过博爱、德行和[与神的]相象(g[h]elijcheit; likeness),我们也想要在他里边(存在)。

b 1257 通过神之爱的趋向和他在我们精神统一中的内在运作,通过我们的燃烧之爱和我们所有官能要完全进入神居之统一的冲动,涌出了基督在内在实践中的第三种来临。这是一种来自基督的内向搅扰或触动，凭借的是他在我们最内在的精神（维度）中的神圣光明。

这第三种来临的本性

b 1261 我们曾谈到过的第二种来临，被比作带有三股水流的一眼泉。但是对于这个［第三种］来临，我们希望将其比作此泉源中的水脉（adere[n]；vein），因为没有任何水流无泉源，也没有任何泉源无活的水脉。以同样的方式，神的恩惠带着（它的）水流流入更高的官能中，推动和点燃一个人的所有德行。它像一眼源泉位于我们精神的统一中，它就在它出现的这同一个统一性中涌流着，正如一道活生生的水脉从神的丰富性的活生生根底中涌出，那里绝不会缺少忠诚［尽职］和恩惠。这就是我说的触动的含义。

b 1269 受造者经历此触动，因它而受苦，因为这里是超出所有德行之多样性的、在精神统一中的诸更高官能的统一之所在。此处没有任何受造者，而只有神自身的运作；它出于自由的善意，是我们所有德行和幸福的原因。在此水脉从中涌出的精神的统一中，一个人就超出行为和理性，但又不是没有理性；因为被照亮的理性，特别是爱的能力，感到了这个触动，而理性既不能把握也不能理解此样式或方式，也就是这触动可能是如何存在的，或是哪一种存在。原因在于，这是一种神圣的行为，是所有恩惠和所有赠品的起源和迸发（inval；irruption），是神与受造者之间的最后中介；在那里盘旋着不可思议的光明，也就是至高的三位一体，此触动就源自于它。那里神在精神里生活和统治，而精神也处在神里。

我们对于此来临及其效果的反应

  [b 1282] 通过这种触动,基督在精神中内向地说道:"按照此触动的样式,凭借实践走出去。"因为这种深层触动将我们的精神牵引和邀请到一个受造者也力所能及的内在实践中,也就是一种处于受造者的方式和受造的光明之中的内在实践中来。精神在这里通过爱的能力而上升,超出行为,进入此触动的活水脉从中涌出的统一里。此触动召唤[人的]理解去在神的光明中知晓神,牵引和邀请爱的能力去无中介地欣享神。爱的精神自然地和超自然地渴望着此欣享,超出对所有事物的渴望。

  [b 1290] 凭借被照亮的理性,此精神上升到一种内在的观想中,沉思和观想它的最内在(深度)处,此触动在那里发生着。理性和所有的受造光明在此都无法再前行了,因为产生这触动的那盘旋于上的神圣光明,由于是无底的深渊,会让所有与它相遇的受造视力变盲。在此,所有处于受造光明中的理解力,其状态就像处于太阳光明中的蝙蝠之眼(oghe der vledermuys; eye of a bat)。尽管如此,这精神却总是被神和它自身一再唤起和强迫着去说出这触动的深度,去知晓什么是神,什么是这触动。于是被照亮的理性就总是要再次询问这触动从何而来,不断地去更深入调查这蜜一般的水脉的源头。但是它关于这些事情所知晓的,永远只能是它头一天知道的那些。所以,理性和所有的观想说道:"我不知道它是什么。"这是因为盘旋于上的神圣的光明拒绝和致盲了与它遭遇的所有理解。这就是神在他的光明中行动的方式,它超出了天地中所有的精神存在者们。

b 1303 那些凭借德行和内在实践深入到他[她]们的根底之源，也就是永恒生活之门中的人，可以感受到这触动。那时神的光明如此强烈地闪耀着，以至于理性和所有的理智能力都无法继续前行，而必会在神的不可思议之光明面前受苦和顺从。但是，(当)精神在它的根底处感受到这个[触动]时，即便理性和理智面对神圣光明而失效，而止步于此大门之外，爱的能力却仍希望再往前走，因为正如理解力一样，它也被[神和它自己的本性]邀请和强迫着，只是它[本来就]是盲目的(blent;blind)，要欣享欢乐的；而欣享欢乐更多地处于品尝(smake[n];tasting,savor[品味])和感受(g[h]-evoelen;feeling)中，而不是理解中。这就是为什么在理智止步之处，爱情还要前行的原因。

　　b 1314 这里出现了一种绝不能被满足永恒的饥饿(eewich hongher;eternal hunger)。它是一种内向的急切和热望(crighen;craving)，属于爱的能力和追求非受造之善的受造精神。由于这精神渴望欣享欢乐，还由于它被神邀请和强迫着，它就总是向往着满足那个(欲望)。看，这里出现了一种处在永恒的失败(ontbliven;failing,be lacking in[缺失])之中的永恒的饥渴和不会被满足的欲望。这些是活着的最贫困(armste;poorest)之人，因为他[她]们饥渴难耐、胃口奇佳，得了食欲过盛的病。无论他[她]们吃了喝了什么，总不被满足，因为这饥饿是永恒的。一个被造的器皿不可能盛纳住非受造之善，因此这里就有永恒的、饥饿的渴望，因此尽管神溢流出一切，却总不会被盛纳住。这里是巨大的饮食盛宴，无人知晓它，却有人感受到它；但是让人在欣享中得到充分满足的那道菜却告阙如，所以这饥饿被永远更新着。尽管如此，在此触动中，由于这精神能够按照它可想象和设想的每一种样式来品尝这至福，那些充溢着至福的蜜流在涌动着；然而，这完全是按受造者的方式，也就是低于神的方式进行的，因此总有永恒的饥饿和不满足存在着。假设神要给予这人以所有圣者所具有的所有的赠品，以及除了他自身之外的所有能给予者，这张裂着饥渴的精神也还是处于饥饿和不安宁之中。神的内向搅扰和触动使得我们饥饿和渴望，因为神的精神搅动了我们的精神：这触动越是经常，这饥饿和渴望就越强烈。这是爱在它的最高活动中的生活，它超出理性和理解力，这里理性既不能给予爱也不能从爱那里得到什么，因为我们的爱正被神圣之爱触动着。在我看来，从此再没有与神的分离。就我们能够感受的程度，神在我们里边对我们的触动，以及我们充满爱意的渴望，这两者都是受造的和属于受造者的，因此只要我们活着，它们就能生长和增殖。

b 1340 在这爱的风暴中，两种精神争斗着：神的精神和我们的精神。通过圣灵，神将他自身朝向我们，因此我们在爱中被触动。凭借神的运作和爱的能力，我们的精神将其自身驱向和朝向神，因此神被触动了。从这两者，就出现了爱的冲突：在这遭遇的深层，在最内在和最强烈的来访中，每个精神都从爱中极度受伤。这两个精神，也就是我们的和神的精神，相互闪现和照亮，每一个向另一个显示出它的面孔。这就使得每个精神充满爱意地持续渴望另一个。每一个向另一个索要他[她]所是者，每一个向另一个奉献和邀请他[她]所是者。这就使得这两位爱者[从自身]涌流开去（而相互流入）。神的触动和他的赠品，以及我们爱的渴望和我们对神触动的回应，使得这爱持续稳定；[因为]这流出和回流引得爱泉溢流不已。于是神触和我们的爱欲融为一个单独的爱。一个人在这里被爱如此地占有,以至于他[她]必定忘掉自己和神,除了爱之外什么也不知道。这精神在此爱火中燃烧净尽,如此深地进入神触,以至于它在所有渴望中都被征服,在所有行为中都被消融为无;它必定耗尽它的行动,它在所有献身之上,自身成为了爱;它在一切德行之上,拥有了它作为受造者的最内在者,也就是所有受造者工作的起始和终结。这就是在其自身中的爱,它是所有德行的源头和根基。

^{b 1360} 现在我们的精神和这爱是活在德行中,硕果累累。因此,诸官能就不能保持在精神的统一里,因为神的不可思议光明和他的不可测度的爱高翔于精神之上,搅动了爱的能力;而这精神也就带着比以往更高和更内在的渴望回落到它的行为之中。它越是内在和高贵,就必定会越快地耗尽它的行为,在爱中被消融为无,于是就回落到新的行为里。这就是天堂的生活。这贪吃的精神总是想象:它正在吃掉和吞食神,反过来,由于被神触动,它自己也不断地被[神]吞食;它在所有它的行为中都失败,于是其自身就成为了超出一切行为的爱。更高的诸官能的统一出现在精神的统一中,这里恩惠和爱在行为之上本质性地存在着,因为这是博爱和所有德行的源头。此处存在着一种在博爱和德行里的永恒溢流,以及一种内向的永恒返回,它带着内在的饥饿去品尝神,还有一种在一重化之爱里的永恒居留。

^{b 1373} 所有这些都处于受造者的样式中,在神之下。这是人在受造的光明、天堂和世间里能具有的最内在实践;在这之上,只有一种在神圣光明中沉思神的生活,也就是追随神的样式的生活。

在其中,人既不可能犯错误,也不可能被欺骗;它就在恩惠中始于此,并将在荣耀中永存而罔替。

第四部分 "去迎接他"

^{b 1379} 我已经向你们显明,一个自由的和被高举的人如何凭借神的恩惠在内在实践中能够看到[基督的来临]。这就是第一点,即观想当基督说"看哪"的时候,他所要求于我们和希望于我们的是什么。而在第二点和第三点里,就他说的"新郎来了;出云",我向你们显示了基督内向来临的三种方式,第一种来临中有四种样式;[我还同时显示了]我们应该如何按照这里讲的每一种样式凭借实践走出去;在这每一种样式中,神在其来临里内在地点燃、教导和感动了我们。现在我们要来观想第四点,也就是最后的一点,即迎接基督我们的新郎。我们所有在恩惠或荣耀中的内向精神之"看",以及我们所有德行的"出去",无论它们(对应于)什么实践,都是朝向与基督我们的新郎的相遇和结合为一,因为他是我们永恒的安止和对于我们所有辛劳的回报。

甲、对于迎接神的种种方式的引导式评论

^{b 1390} 你当然知道,每个迎接或相遇是两个人[或人格、位格]的聚合,他[她]们来自不同的地方,也就是相反而又分离的地方。基督来自上方,他是主,是全能的慷慨给予者;我们来自下方,是贫乏的

仆人，凭自己什么也做不了，须要一切帮助。基督是从内向外地来到我们这里，我们则是从外向内地来到他那里。因此，一个精神上的相遇或迎接必定在此发生。而在我们和基督之间的这个来临、相遇会以两种方式出现，即有中介的和无中介的方式。

与神的无中介的自然结合

b 1399 现在要严肃地来理解和观想。我们精神的统一会以两种方式体现，即本质性的和活动性的。你们应该知道，这精神按照（其）本质存在，在（它的）赤裸本性之中无中介、无停息地接受了基督的来临。这是由于我们在神和我们的永恒意象里面的本质和生命——我们按照（我们的）本质存在而在我们自身里拥有它、就是它——，是无中介的和不可分离的。因此，这精神在它的最内在、最崇高的部分，不停地接受着它的永恒意象和在（其）赤裸本性中的神圣光明所施加的印象；而（这）就是神的永恒住所，神通过永恒的居留而拥有它，总带着新的来临和永恒出生之新光明的新辉煌造访它。无论他在何处来临，他就存在于那里；无论他存在于何处，他就从那里来临；他从不曾在之处，他也绝不在那里来临，因为在他里面没有偶然和可变；他在其中的任何东西，也在他里面，因为他并不到他自身之外去。

b 1412 这精神在（其）赤裸本性中本质性地拥有神，而神也拥有精神，因为精神活在神里，神也活在精神里。就其更高的部分而言，这精神能够无中介地接收到神的光明和神能给予（它）的所有东西。凭借那本质地和人格性地照耀在它里边的永恒意象的光明，这精神离开它自身，带着它的自然活力的最高部分，沉入到神圣的本质中,在那里持续地拥有它的永恒至福;而且,它又再次凭借圣子的永恒出生,带着所有的受造物涌流出去,被神圣三位一体的自由意愿放置在它的受造存在之中。这样它就相象于至高无上的三与一了,而它就是按照此至高者被创造出来的。就其被造的存在而言,它不停地经历着它的永恒意象的压印,就像一面净洁的镜子,在其中这意象持续地居留,而且在每一个新的注视中,知识通过新的光明而被更新。我们的精神与神的这种本质统一并不凭这精神自身而存在,而是由于它居住在神之中,从神那里涌流出,悬挂在神里面,又回返到神,也就是回到其永恒的原因;在这种样式里,它从不离开神,也绝不想离开,因为这种统一是由于(我们的)赤裸本性而存在于我们里面的。这受造者一旦离开神,就会堕入纯粹的虚无。此统一超出了时间与空间,总在不停地按照神的样式而行动;但就其[虽]与神相象而自身只是受造者而言,它是被动地接受其永恒意象的压印的。

b 1433 这就是我们出自本性而在我们精神的本质统一中拥有的高贵性,此本性就在其中与神自然地结合为一。这既不使得我们神圣也不保证我们得到至福,因为所有的人无论善恶都在自身中具有它,但它肯定是所有的神圣性和至福的第一原因。这就是神与我们那处于(我们的)赤裸本性里的精神之间的相遇和结合。

通过中介来迎接神

b 1439 要集中注意力,观想(我的话的)含义,因为如果你很好地理解了我要告诉你的以及我刚刚告诉过你的,你就将[不仅]理解所有受造者能够教给你的神圣真理,而且(比那)还要多得多。在另一种样式里,我们的精神在这同样的统一中以主动的方式来行动,当它存在于它的受造的人格存在中时,也同时存在于它自身里。这是更高官能的领域。这里是所有受造者行为的起始与终端,这种行为以受造者的方式进行,既可以是自然的,也可以是超自然的。尽管如此,此统一就其是统一而言,却不行动。所有的灵魂官能,无论如何行动,都要从它们的领域,也就是从存在于它人格存在中的精神统一那里获得它们所有的力量和潜能。

b 1449 在这个统一里,这精神必总是凭借[神的]恩惠和[自己的]德行而与神相象,或由于致死之罪而(与神)不相象。这是因为,我们是按照神的样子,也就是凭神的恩惠而被造出;正是这神样的光明照透了我们,使得我们(与他)相象,而如果没有这使我们(与神)相象的光明,我们就不能得到[与神的]超自然的结合;尽管我们不会丧失这意象,也不会丧失与神的自然结合,但如果我们失去这相象性(gelijcheit(ghelijcke);likeness),即神的恩惠,我们就是那被罚入地狱的。

b 1455 因此,无论何时,只要神在我们这里发现任何接受他的恩惠的能力,他就会出自(他的)自由慷慨而希望我们凭借他的赠品活着并与他相象。无论何时,只要我们以(我们的)全部意愿转向神,情况就总是如此(这般)的;因为在同一瞬间,基督就来到我们这里并进入我们,既可以是有中介的或带有赠品的,也可以是无中介的或超出任何赠品的。而我们也就来到他那里并进入他,或有中介或无中介,也就是说,或者凭借德行或者超出所有德行地这么做。他将他的意象(beelde,image)和他的肖像(ghelijckenisse;likeness),也就是他本身和他的赠品,压印(druct;impress)到我们里边,将我们从罪中解放,使得我们自由并与他相象。

ᵇ ¹⁴⁶³就在这同一个行为——即神将我们从罪中解放,使得我们(与神)相象并在博爱中得自由的行为——里,这精神在可欣享欢乐之爱中离开它自身而沉没(ontsinken(ontsinct); sink[s] away)。就在这里,发生了无中介的和超自然的相遇和结合,我们无上的至福就居于其中。即便对于神来说,他出自爱和自由的善意而给予是完全自然的,但就我们的样式而言,这对于我们却是偶然的和超自然的;因为在这之前,我们是[被放逐的]陌路人,(与神)不相象,而在这之后,我们得到了肖像而且与神统一。这充满爱意的精神在神里面无中介地得到和拥有的这个相遇和统一,必定发生在本质性的领悟中,它对我们所有的理解或理智深藏不露,除非照单纯性的样式从本质上来理解之。

ᵇ ¹⁴⁷⁴在这个可欣享欢乐的统一中,我们应该总是超出我们自己、超出所有事物地进入安止。所有的赠品,无论是自然还是超自然的,都自这个统一中涌流而出。尽管如此,这充满爱意的精神还是超出所有赠品地安止于此统一里。这里只有神,而这精神无中介地与神统合。在这统一里,我们被圣灵所接受,而我们也一并接受了圣灵、圣父、圣子和这神圣的本性,因为神是不能被分割开的。此种朝向欣享的精神倾向追求超出所有肖像地安止于神;它在其本质的存在中,超自然地得到并拥有了这精神曾经自然地接受到的所有一切。

ᵇ ¹⁴⁸²所有的善人都具有它,但他[她]们终其一生却不明了这是怎么发生的,除非他[她]们成为内在的并倒空(ledich; empty)所有的受造者。在一个人摆脱掉罪的瞬间,他[她]也同时在他[她]

的真正自身和他［她］精神的最高（部分）被神接受，以至于他［她］可以马上并永远地安止于神。他［她］在自己的官能领域中接受到恩惠并与神相象，因而总可以在新的德行中成长和递增。只要这相象在博爱和德行中持续着，这统一就存在于安止里而不会失去，除非犯了致死之罪。

神的恩惠的绝对必要及我们对它的反应

b 1491 所有的神圣性和至福性都在于，这精神通过相象和恩惠或荣耀的中介，被引入到了本质统一里的安止中来；这是由于神的恩惠是我们应该永远行于其上的道路，如果我们要进入单纯的存在的话；在此单纯存在中，神通过所有他的丰富性无中介地给予他自身。所以，罪人和被诅咒的精神存在者们处于黑暗之中，因为他［她］们缺少那本可以照亮和引导他［她］们趋向可欣享的统一的神恩。然而，精神的本质存在是如此高贵，使得那被诅咒者也不能选择自身的虚无化；只是，罪在［他［她］们的］存在——神在其中居住——与官能之间构成了巨大的障碍、黑暗和不相象，致使这精神无法与其存在结合为一；如果不是因为这罪，它的存在本是它自己的（领地）和它的永恒安止之处。无论是谁，只要无罪地活在相象和恩惠之中，神就是这人自己的（领地）。因此，确有对于恩惠的需要，它驱走罪恶，准备道路，使我们的全部生活果实累累。

b 1504 由此可知，基督为什么总要凭借中介，也就是通过恩惠和多重赠品向我们来临。而我们也通过中介即通过德行和各种实践而趋向他。神给予的内在赠品越多，他（对于我们）的推动越微妙，则这精神的实践就越是内在和欲望十足，正如你们在迄今显示的所有样式中所了解到的。这一情况是不断被更新的,因为神总给予新的赠品,而我们的精神总是在神命令和赐予的样式中一再地向内转向;在此相遇里,它总是接受到新的(和)更高的(赠品)。就这样,一个人就不断地成长到更高的生命里。

^{b 1514} 这种行动着的相遇或迎接是完全通过中介进行的,因为神的赠品、我们的德行和我们精神的行动构成了那中介。所有的人和所有的精神存在者都需要中介,因为假如没有神恩及充满爱意的自由皈依提供的中介,没有哪个受造者会被拯救。

神与我们在统一和相象中的相遇

^{b 1518} 神注视着他与我们一起造就的、内在于我们的居住地及安止处,即统一和相象。他要不停地通过他的崇高出生［所造就］的新来临和不可测度之爱的丰富溢流,而造访这统一,因为他要在爱的精神里居留于至福中;他要带着丰富的赠品造访我们精神的［与神］相象处,以便让我们可以(与神)更相象,在德行中更富于光辉。基督希望我们居住和留止于我们精神的本质统一里,超出所有的受造者行为和德行,通过他而变得丰富;他还希望我们在同一个统一中保持行动,通过德行和天堂的赠品而得到丰富和充实。他要我们不停地通过每个我们所做的工作而造访这统一和相象,因为在每个新的现在中,神都在我们里边出生。出自这崇高的出生,圣灵带着他的所有赠品涌流着。现在我们应该凭借相象而迎接神的赠品,凭借统一而迎接这崇高的出生。

乙、通过中介迎接神

在每个善行中,凭借纯粹的意向

b 1531 要知道,我们应该如何在每个工作中迎接神,在(与他)更大的相象中增长,更高贵地拥有这可欣享欢乐的统一。每个善行,无论多么小,都带着爱和被高举的单纯(心灵)意向向神而生,配得上更大的相象和在神中的永恒生命。这单纯意向(eenvuldighe meyninghe;single intention)将分散的官能吸引到一起,进入精神的统一,将这精神置于神之中。此单纯意向是所有德行的目的、发端和丰富化,它向神奉献赞美、荣誉和所有的德行;它跨越并超出了自身、所有的天和所有的事物,就在它自身的一重化根底中发现了神。此意向是一重的,除了神和朝向神的一切东西之外什么也不想。这单纯意向赶走了虚假和两面性,在所有的行为中,一个人都要在所有的多重性之上来保持它、实行它;因为它让一个人常处于神的在场中,让他净化理解力,在德行中充满热情,摆脱掉此刻和末日审判时的莫明恐惧。这单纯意向是基督说到的单纯之眼(simpel oghe;simple eye)[《路加福音》11∶34],它让人的全部身体,也就是此人的所有行为和全部生活,都持续地闪光和纯洁无罪。这单纯意向是内向的、被照亮的,具有精神的爱意倾向。它是所有精神的基础。它包含信仰、希望和在自身中的爱,因为它信任神、对神忠诚不二。它将自然踩在脚下。它使人平和,驱除掉精神的嘀嘀咕咕,让所有德行活力四射;它带来和平、希望和对神的信心,既在此刻，又在神的审判之时。

^{b 1552} 这就是我们要居留在我们的精神统一——它处于恩惠和相象之中——里的方式，并且凭借德行不断地迎接神，在单纯意向中向他奉献我们的全部生活和工作；所以我们就在每个时刻和每项工作里，变得越来越（与他）相象。凭借这单纯意向的根底，我们超出我们自身，无中介地迎接神或与神相遇，在单纯的根底里通过神而安止，在那里拥有从永恒处为我们准备的遗产。

^{b 1558} 所有的精神存在者的生活和德行行为都存在于与单纯意向的相象中，他［她］们的所有至高安止都存在于超出一切相象的单纯性中。尽管这样，他［她］们相互之间在德行和相象方面还是有高有低，按照他［她］们各自达到的高贵性而拥有他［她］们自身内部的存在。神对于每一个个人都是特别充分的，而每个人则按照他［她］的爱的尺度——既在这里，又在永恒中——在其精神的根底处追求神。

通过中介来迎接神的等级，按照圣灵的七个赠品

^{b 1565} 现在来观想所有德行和所有神圣性的次序和等级，（以及）我们应该如何在相象中迎接神，以便我们可以在统一中通过他而安止。

对主的恐惧

^{b 1567} 当一个人活在对神的恐惧中，活在道德的德行和外向实践中，以及服从和跟从神圣教会和神的戒律，凭借一个单纯意向想

要和准备（去做）所有的善事，这时他[她]就是凭借他[她]意愿的忠诚——这忠诚表现于依神的意愿所做和不做的事情中——而与神相象，而且他[她]还超出相象而安止于神中。这是因为，凭借忠诚和单纯意愿，一个人按照他[她]的相象样式，或多或少地实现了神的意愿；而凭借爱，他[她]超出相象，安止于他[她]的所爱。

仁慈

^{b 1575} 如果他[她]按照从神那里所接受的[本性和赠品]做得很好，那么神就会赐予他[她]怜悯和慷慨的精神。于是他[她]有了心灵的慷慨、温顺和怜悯，他[她]就更加充溢着生机，更（与神）相象。他[她]就会感到，他[她]越是安止于神，就越是在德行中比以往更广更深；而这相象和安止对于他[她]，就随着他[她]更（与神）相象而具有了更多的滋味。

知识

^{b 1581} 如果他[她]带着巨大热情和单纯意向在这里做得很好，奋力对抗与德行相反的东西，那么他[她]就得到第三种赠品，也就是知识和分辨力。于是他[她]就变得理性，当应该给予或获取时，就知道什么是必须做的，什么是该省略的。凭借单纯意向和神圣之爱，此人超出在统一中的他[她]自身而安止于神。他[她]在相象中拥有他[她]自身，在更大的快乐中实施他[她]的所有行为；因为他[她]对圣父服从和谦恭，从圣子那里得到理性和分辨力，从圣灵

那里得到慷慨和怜悯。因此，他[她]相象于神圣的三位一体。他[她]通过爱和意向的单纯性而安止于神。而全部行动的生活就存在于此。

^{b 1591} 于是一个人要以巨大的热情去行动，要带着分辨力去追随他[她]的单纯意向。他[她]必定反对任何与德行相反的东西，总是在谦卑中坐在基督的脚下；因而，他[她]会在每个时刻的德行和相象中增长。如果他[她]以这种方式行动，就绝不会犯错。然而，如果他[她]更多地投身于心灵的忙碌和多重行为，而不是深入这些行为的原因和最终依据的话，那么按照这种方式，他[她]就总是[仅仅]活在行动的生活里。如果他[她]在实践中，当涉及到圣礼、符号和习惯时，更多地只是外向的，而不能达到它们所象征的实在和真理的话，那么他[她]就还只是一个外向的人，尽管凭借他[她]在善行中的单纯意向，他[她]会得到拯救。

因此，如果一个人要接近神，要提升他[她]的实践和生活，那么他[她]就必须从行为继续前行，达到它们的终极理由，也就是从符号达到真理。那样的话，他[她]就成为他[她]工作的主人，（他[她]就会进而）知道真理，他[她]也就进入了一种内在的生活。

坚忍

^{b 1605} 神会给予他[她]以第四种赠品，即坚忍的精神。于是他[她]就能克服祸福、得失[的影响]，克服对尘世之物的希冀以及各种阻碍和多重性。一个人就这样从所有的受造物那里解脱开来。当一个人不再被众形象影响，他[她]就是自己的主人，无须努力，

就轻易地变得心地单纯和内在；带着内在的献身、崇高的欲望、感恩之心，乃至赞美和单纯意向，自由地无障碍地让自己转向神。由此，他[她]的所有工作和生活对于他[她]都具有内向的和外向的风味，因为他[她]站在了神圣三位一体的宝座之前，从神经常接受到内在的慰藉和甜蜜。无论是谁，只要他[她]带着感激和赞美在这样的台桌前服务，带着内在的信仰经常饮用这[台上的]酒，品尝从主的台桌上落下的残羹碎渣儿[《马太福音》15:27]，他[她]就总会由于他[她]意向的单纯性而具有内向的平和。

b 1618 如果他[她]要在感恩、赞美和高举的意向中，面对主保持坚定，那么这坚忍的精神在他[她]那里就成倍增长。于是他[她]就不跟从（他[她]的）世俗感情和欲望，离开自己去沉入慰藉、甜蜜或神的任何赠品，也不进入他[她]心灵的安止与平和，而是要超出所有的赠品和慰藉，以便找到他[她]所爱的神。

b 1623 以这种方式，他[她]脱离和克服了心灵的忙乱和世间事物，变得坚强、加倍地坚强，超出并克服了所有的慰藉和天堂赠品[的另类诱惑]。于是一个人就超越了所有的受造物，并凭借这精神坚忍的赠品而拥有了强大和自由的自身。

领告

b 1628 当再没有任何受造物可以压倒或阻挡一个人，在他[她]的单纯和向上的意向中保持坚定，凭借这坚忍在所有神的赠品之上追求和向往神，这时，神就会给予他[她]第五个赠品，即领告[对忠告的领受]（raed；counsel）。在这个赠品中，圣父将一个人拉引到内部,让他［她］与被选者一起(来到)自己的右手,与自己结合为一。圣子从精神上自他［她］的内部说道:"跟从我到我父那里去:不可少的只有一件。"［《路加福音》10:42］圣灵则使得［他［她］的］心灵展开,在燃烧之爱中点燃,从此而出现一种奔放激烈的生活和内在的不宁;因为谁要是听到这忠告,就被爱引起风暴,除了神之外什么也不能满足他［她］。所以,他［她］放弃自己和所有的东西,以便能找到他［她］活在其中的、万物与之为一的神。这里,一个人将在他［她］的意向里心地单纯地具有神,通过理性统帅他［她］自己,完全放弃他［她］(自己的)意愿,自由地等待那期望着的统一,直到神愿意允诺它的那一天。

b 1641 这领告的精神以两重方式在他［她］那里运作。这是因为,那离开自身和所有事物的人,带着不宁的、激烈的和燃烧之爱说道"让您的王国来吧",这种人是伟大的,是跟从神的命令和忠告的;然而,那在爱中克服了并放弃了自己的意愿,在服从的敬意中对神说道"让您的而不是我的意愿,在万事万物中成就吧"的人,是更加伟大的,更好地跟从了神的忠告。

b 1647 当基督我们的主进入他的激情时,他在谦卑的自身舍弃中对他的圣父说出同样的话［《马太福音》26:39;《马可福音》14:36;《路加福音》22:42］。① 对于他,那是最愉快的和最荣耀的话;对于我们,

---

① 耶稣这时进入的激情,是他一生中最痛苦者:"耶稣同门徒来到一个地方,名叫客西马尼,就对他们说:'你们坐在这里,等我到那边去祷告。'于是带着彼得和西庇太的两个儿子同去,就忧愁起来,极其难过,便对他们说:'我心里甚是忧伤,几乎要死,你们在这里等候,和我一同警醒。'他就稍往前走,俯伏在地祷告说:'我父啊,倘若可行,求你叫这杯离开我;然而,不要照我的意思,只要照你的意思。'"(《马太福音》26:36－39)

是最有益的话；对于圣父，是最可爱的话；对于魔鬼，则是基督说过的最使之惶惑而不知所措的话。这是因为，就基督的人性而言，在他对于（自己的）意愿的放弃中，我们就都得救了。因此，对于充满爱意的、谦卑之人，神的意愿成了他[她]的至高欢乐和最强的欲望；就其精神的情感而言，甚至[神要]他[她]去地狱——当然这是不可能的——[他[她]也乐意]。在此，本性被压到它的最低（点），而神被抬升到最高处。于是一个人就能够从神那里接受到所有的赠品，因为他[她]放弃了自身、否定他[她]（自己）的意愿并为了一切而给出了一切，所以他[她]除了神要给予的之外，既不要求也不希望任何东西。神的意愿就是他[她]的欢乐，他[她]因在爱中舍弃了自己而成为活着的最自由的（人）。这人毫不费心地生活，因为神不会丢失他自身所具有的。

　　b 1660 要注意了，尽管神知晓所有的心灵，但这样的人还是会被神造访和测试，（看）他[她]是否能够自由地放弃自身；然后他[她]才能被照亮，才能为了神和他[她]自己的福利而生活。因此，神有时将他[她]从自己的右手边转移到左手边，从天堂转到地狱，从完全的幸福转到巨大的悲惨，仿佛他[她]被神和所有的受造者抛弃和讨厌了。如果他[她]事先就在爱和欢乐中放弃了自身和他[她]（自己）的意愿，使得他[她]不去追求自己的，而只追求最亲爱的神的意愿，（那么）他[她]就很容易地在折磨和悲惨中[仍然]放弃自身，在他[她]的追求中也就毫不包括自己而只有神的荣耀。要做大事者就要愿意忍受大苦，而在被抛弃中受苦和忍耐，比在同样的被抛弃状态中做出伟大功业，是更加高贵、对于神更加宝贵、对于我们的精神也更加满意的，因为它更与我们的本性[的低级部分]相反对。所以，相比于那带有同样爱意的巨大功业，令人痛心的受苦受难使得精神扬得更高，而使本性被压得更低。

ᵇ ¹⁶⁷⁵ 如果一个人不带其它偏好地保持在这种被抛弃状态里，正如一个既不希望也不知道任何其它东西的人，那么他［她］就具有了双倍的领告精神，因为他［她］在工作、受苦、自我放弃和谦逊服从中满足了神的意愿和忠告。本性就被丰富化到最高（程度），他［她］就能够在精神上被照亮。

理解力

ᵇ ¹⁶⁸⁰ 因此，神就给予他［她］第六个赠品，即理解的精神。以前，我们曾将此赠品比作一眼带有三股水流的活泉；因为它为我们的精神带来了统一，揭示了真理，在共通性中创造了广阔的爱。的确，这个赠品就像太阳的照耀，凭借它，太阳使空气里充满了单纯的光明；它照亮所有的形态，显示所有颜色的区别，由此而让它自身的力量得以昭示；而它的温暖对于整个世界都是共通的，无论就其有用性还是欣享的效果而言，都是这样。

ᵇ ¹⁶⁸⁷〔此赠品的第一个效果：精神中的单纯〕以类似方式，此赠品的第一道闪光在精神中产生了单纯性，它被特别的光明所穿透，正如天上的空气被太阳的光明所穿透；因为神的赠品是所有赠品的根底，它在我们的潜在理解中作为一种单纯的光明而本质性地起作用。通过这单纯之光，我们的精神变得坚定、一重、被照亮，充满了恩惠和神圣的赠品。这里它凭借恩惠和神圣赠品而与神相象。

ᵇ ¹⁶⁹³由于它是(与神)相象的,还由于它在所有赠品之上单纯地向往着和热爱着神,这精神不会让它自己被相象或受造的光明所满足,因为它从根底处有着自然的和超自然的倾向,朝向那不可测度的存在,它就从这存在中涌流而出。这神圣存在的统一永恒地将所有的相象收引到它的统一中来,所以这精神就在欢乐中离开它自身而沉浸下去,流入到神也就是它的永恒安止处中。神的恩惠对于神来说,就像阳光之于太阳,它是引我们到达(神)的手段和道路;所以,它在我们里边单纯地照耀,使我们得到神-色或染上神的颜色(godvaer;God-colored),也就是与神相象。相象就在每个时刻离开它本身而沉没,在神中死去,与神合一并保持为一。尽管如此,我们还是在恩惠的或荣耀的光明中永恒地维持这相象,通过它,我们在博爱和德行的活动中拥有我们自身。我们超出我们的行动,在神圣之光照耀下的我们精神的赤裸状态中,与神保持合一,由此而超出所有德行,在安止中拥有神。这是因为,在相象中的博爱必须永恒地行动,而在可欣享之爱中的与神合一则要永驻于安止。

ᵇ ¹⁷⁰⁹这就是去爱所意味着的,因为就在当下(eenen nu;one now),就在这一时刻(eenen tide;one instant),爱既行动又安止于它的所爱。一个被另一个所加强。因为爱越是崇高,就越能安止;越能安止,就爱得越内在。一个活在另一个里。无爱之人,无安止;无安止之人,无爱。然而,有时一个好人似乎既不爱又不安止于神,但这种"似乎"的想法就来自于爱;因为他[她]要去爱的渴望多于他[她]所能达到的,于是在他[她]看来,他[她]就似乎缺少了爱。在这个行动中,爱和安止对于他[她]都有滋味,因为只有这个放弃（自我）的、空无［自身］的、被照亮的人才能理解，一个人如何（才能）［同时］在行动中爱和在可欣享中安止。

　　ᵇ¹⁷¹⁸但是，每个爱者都是与神合一并在安止中，又是与神相象而在爱的行动中。因为神在他那崇高的本性——我们与之相象——里，就其本质的单一性（eenheit；oneness）①而言，带着欢乐欣享在永恒的安止中居住；而就其三位性（driheit；threeness）而言，通过工作而在永恒的行动中居住。每一个使得另一个完整，因为安止住在单一性中，而行动则住在三位性中。因此，两者都是永恒的。如果一个人要品尝神，他［她］必须爱；而如果他［她］的意愿是去爱，他［她］就能品尝。但如果他［她］让自己被其它的东西满足，那么他［她］就不能品尝神是什么。所以，我们必须在德行和相象中单纯地拥有我们自己，并通过爱在安止和单一性中超出我们自己地（拥有）神。这就是第一点，讲的是共通之人如何成为坚定的。

　　ᵇ¹⁷²⁸〔此赠品的第二个效果：理解中的启明〕当空气被太阳的光明穿透，整个世界的美丽和丰富被显示出来，一个人的眼睛就被照亮，他［她］就在多姿多彩的万象中欢欣快乐。同样，当我们在自身中成为一重化的，我们的潜能理解被这理解精神的光辉所照亮和穿透，我们就能够知晓存在于神中的诸崇高属性，它们乃是从他那里涌流出的所有工作的原因。虽然每个人都可以通过神的工作来理解这些工作，乃至神，但无人能够有感受力地和恰当地理解这

---

　　① 注意这个单一性（eenheit）与共通（gemeenheit；commonness）的词源关联。另外，"eenicheit"译作"unity"或"统一性"。

些神的行动属性的根底样式,除非凭借这个赠品,因为它教导我们去沉思和知晓我们自己的高贵性。它给予我们在德行和每种实践中的分辨力,告诉我们应该如何生活而不违背永恒真理。被它照亮的每一个人都可以在精神中行走,凭借被照亮的理性而正确地观想和理解一切在天上地下的事情。因此,这人在天上行走,与所有的圣者们一起注视并观想他［她］的爱人或情人［神］的高贵性,也就是这爱人的不可把握的高度和他无底的深度、长度、宽度、智慧和真理;他的善性和无法言传的慷慨性,以及如此让人热爱的众属性;它们无限量地存在于神——我们的爱人里面,并且在他的崇高本性中都（是）不可测量的,因为他本身就是（所有）这个。

b 1747 接着,这被照亮的人将目光转向下方,投向他［她］自己以及所有的受造者,观想神如何出于他的自由慷慨而创造了所有这一切,赋予他［她］们的本性以许多方式［和赠品］,而且他还要通过他自身,以超出［他［她］们］本性的东西来赋予和充实他［她］们,如果他［她］们愿意并追求和希望它的话。所有这类对于神之丰富性的多重变样的理性观想,使得我们的精神欢愉,假如凭借神圣之爱,我们的自身死于神中,我们［能］在精神中生活和行走,并品尝永恒之物的话。

b 1754 这作为理解的赠品向我们显示我们在神中所获得的统一——它通过可欣享的、浸没于神里面的爱而达到,并显示我们通过博爱和德行在我们里面得到的神的肖像。它给予我们光明和清澈,凭借它们,我们就能在精神中（视力）清晰地行走,沉思并知晓在精神相似物中的神,乃至按照这光明的样式和尺度,按照神的意愿和我们理解的高贵性,沉思并知晓我们自身和所有的事物。这就是第二点,(涉及)共通之人如何被照亮。

ᵇ ¹⁷⁶² 〔此赠品的第三个效果:在意愿中的爱〕随着空气被这太阳的光明照亮的程度,热度在果实的成熟中变得强烈和共通。如果我们的理解力因此被照亮而清晰地知晓了神圣的真理,那么这意愿,也就是爱的官能,就被加热到向忠诚和共通之爱三富地溢流;因为这个赠品通过我们从它的光明而得到的真知识,在我们里面建立起一种宽广和共通之爱。

ᵇ ¹⁷⁶⁷ 那些最单纯的人也是最安静的和在其自身中最完全平和的人,他[她]们最深彻地沉浸而入神中,在理解力里被最充分地照亮,在善行中最多重,在溢流着的爱里最共通。他[她]们最少受到阻碍,因为他[她]们最与神相象;而神在其存在中就是单纯性,在理解力中是清澈性,在他的工作中则是溢流着的共通之爱。在这三处,我们越与神相象,我们就越是与他合一。所以,我们要在我们的根底里保持单纯,以被照亮之理性来观想所有事物,通过共通之爱穿流过一切事物;正如在多重天空中的太阳保持它在它自身中的本来面目,单纯而不变,但它的光亮和温暖对于整个世界都是共通的。

ᵇ ¹⁷⁷⁸ 现在要明了,我们应该凭借被照亮的理性,在共通之爱里行走。就存在和人格而言,圣父是所有神性的原则。所以,我们要在圣父的崇高性之前,在精神和谦卑的敬意中深深鞠躬,由此而获得那作为所有德行基础的谦卑性。我们应该以一种内在的方式来崇敬,即将荣耀和信仰奉献给圣父的威权,这样我们就在精神上被提升,因为神凭借他的力量,从虚无中创造了万物并维持它们。我们应该赞美、感激和永恒地服务于神的忠信和爱意,它们让我们从仇敌的奴役和永恒的死亡中解脱，获得自由。我们应该向神的智慧展示和悲叹人类本性[中的低级部分]的盲目与无知，希望所有的人都被照亮并得到真知识，那时他[她]们就会知道并尊崇神。我们应该为神对罪人的慈悲而祈祷，使得他[她]们可以皈依于神并在德行中进步；那时神就会被他[她]们带着欲望来热爱。我们应该将神的丰富善意慷慨地给予所有那些需要它的人们，以便他[她]们都能被充满并回流到神里边，于是神就被他[她]们都拥有了。我们应该在尊崇和信仰中奉献给圣父所有的服务和所有的行为，正像基督出于爱而在他的人性中所做的。我们还应该在耶稣基督中向圣父奉献所有天使、圣者和善人的内在献身，那样的话，我们就在神的荣耀中与他[她]们全体统合为一。此外，我们还要向圣父奉献神圣教会的所有服务，所有神甫的崇高牺牲，以及我们以基督之名所能做的和理解的；以使我们可以通过基督迎接神并在共通之爱中与神相象，在单纯性中超出所有的相象，在本质的统一中与神合一。我们应该总与神保持统一，与神以及所有的圣者在共通中永恒地涌流，并总是带着感谢和赞美转向内部，通过可欣享之爱从我们自身处脱开，沉没到本质的安止中。这是我所知道的最丰富的生活，我们凭借它而拥有理解力这个赠品。

智慧

b 1808 你们现在要理解，在内向的返回中，神的可欣享之统一表现为黑暗、无样式状态和不可理解性。通过爱和意向的单纯，这精神[以两种方式]转向内部：主动地奉献所有德行；欣享地奉献自身，超出所有的德行。在此爱着的内转向中，出现了第七个赠品，即品尝着风味的智慧（smakende wijsheit；savoring-wisdom）之精神。它带着智慧和精神风味或滋味，弥漫了我们精神、灵魂和身体的单纯性。这是在我们的精神统一中的神圣扰动或触动。它是一种迸发，是所有恩惠、赠品和德行的根底。在这个神触中，每个人按照这触动的力度和他[她]的爱意程度，品尝他[她]的实践和生活的滋味。这神圣的扰动是神与我们、安止与行动、样式与无样式、时间与永恒之间的最内在中介。

  b 1819 神在我们里面首先产生出这个精神的扰动，先于所有赠品；但是，它却是最后才被我们适当地认识和品尝到其风味的。这是因为，只有当我们充满爱意地在所有实践中寻找神并[最后]进入我们最内在的根底时，我们才感受到神的所有恩惠和赠品的迸发。我们在我们更高官能①的统一化——它超出理性但不是没有理性——中感觉到这个触动，因为[只有在那单纯的泉脉里]我们知觉到了我们的被触动。但假如我们想知道它是什么或自何处而来，理性和所有的受造式观想就都不够了。理由是：虽然空气被太阳之光照亮，我们的眼睛敏锐健全，但如果我们要沿着这带来光明的光线去窥视太阳的圆盘本身，则我们的眼睛必失效用，而只能被动地接受它的光芒的照射。同理，在我们更高官能的统一中，这不可把捉之光的反射是如此巨大，使得所有通过区别运作的受造式行动必定达不到目标。这里我们的行动必须经受神的内运作，这就是所有[神的]赠品的起源。如果我们能够在我们的理智力中接受

---

① 即记忆、理智和爱的意愿。

神,他就会无中介地将他自身赐予我们;但那对于我们来说是不可能的,因为要理解他,我们太狭小了。因此,他按照我们能够理解的尺度和我们实践的高贵性,而将赠品注入到我们里边。

  b 1837 神的果实累累的统一在我们官能的统一之上维持自身,总是从我们那里索取在爱和德行中的相象。这也就是我们为什么要在每个瞬间被重新触动,以便我们可以被时时更新,在德行中时时(与神)更相象。由于这[不断的]新的触动,精神就变得饥饿干渴,希望品尝整个深渊的滋味,并且在爱的风暴中(要)走遍(它),以使它本身可以被满足。由此就出现了一种永恒的饥饿,在永恒缺乏中的渴望,因为所有爱意葱茏的精神都向往和渴念神,每个都依其高贵性的样式和被神触的状态而渴望。尽管如此,就我们行动中的渴望样式而言,神是永远无法被理解的。于是在我们里边就总有永恒的饥饿,以及一种永恒向往着的、与所有的圣者们一起的内转向。在与神的相遇中,这光明和热度是如此巨大、如此无公度可言,以至于所有的精神存在者在其工作中都失效了,被融化掉了,并在他[她]们精神的统一中溶解为可感觉之爱。这里他[她]们作为受造者必须经受神的内运作,于是我们的精神、神的恩惠和我们的所有德行就都成为无行为的可感觉之爱;因为我们的精神已经耗尽了它自己,而化身为爱。此处的精神是一重的,接受所有的赠品,能行所有和德行。在这个可感觉之爱的根底里,活着那奔涌的泉脉,也就是神的内在照耀或内在运作,它在每时每刻内向地感动、煽旺和引发我们,使得我们在德行的新工作中涌流而出。至此,我向你们显示了所有德行的根底和样式。

丙、无中介地迎接神，在三种不同的样式里

^{b 1858}现在要知道，神的无公度的内照耀具有不可把握的光明，它是所有赠品和所有德行的原因；这同样不可把握的光亮，无样式地转化和充满了我们精神的可欣享倾向；在这光亮中，精神从它自身脱开，沉浸到可欣享的安止中，因为这安止是无样式的和无底的。我们无法知晓它，除非通过它自身，也就是通过安止，因为假如我们知道和理解了它，它就落入样式和尺度之中了，于是它就不再充分满足我们，安止就会变成永恒的不安止了。因此，我们精神的一重的、沉浸的和充满爱意的倾向在我们里面产生出一种可欣享的爱，而可欣享的爱是无底的。这神的深渊内向地召唤这深渊［参照《诗篇》42：7］^①，也就是，召唤所有那些在可欣享之爱中与圣灵统一的人。这种内向的召唤是本质性光明的溢流，而这种本质性的光明在无底之爱的拥抱中，使得我们失去自我，（从我们自身）奔流开去，注入神性的荒野黑暗（wilde duysternisse；wild darkness）中。如此这般地得到统一，［成为］无中介地与圣灵为一者，我们就能够通过神来迎接神，永远凭借他、内在于他地拥有我们永恒的至高幸福。

---

① 《旧约·诗篇》42：7："你的瀑布发声，深渊就与深渊响应，你的波浪洪涛漫过我身。"

第一种样式：虚空

ᵇ ¹⁸⁷⁵ 这种最内在的生活以三种方式被实践。有时，这内在之人单纯地内转，跟从可欣享的倾向，超出所有行为和德行，在可欣享之爱中带着一种单纯的内在注视。这里，他[她]无中介地迎接神。出自这个与神的统一，就有一种单纯的光芒在他[她]里面闪耀出来，而这光芒向他[她]显示出黑暗、赤裸和空无。在这黑暗中，他[她]被笼罩起来，落入无样式状态，仿佛一个人迷路时的徘徊。在这赤裸状态里，他[她]对所有东西都失去了知觉和区分，被单纯的光明转化和弥漫。在这空无（niet; nothingness）里，他[她]在所有行动里都失败，因为他[她]被神的无底之爱的行动所征服。凭借他[她]精神中的可欣享倾向，他[她]克服了神，成为与神合一的一个精神[《哥林多前书》6：17]①。

ᵇ ¹⁸⁸⁵ 在此与圣灵的统一状态中，他[她]进到了一种可欣享的滋味中来，并拥有了神圣的存在。按照他[她]浸入自己的本质存在的状态，他[她]被充满了深渊般的至高幸福和神的丰富性；出自这种丰富性，涌出了一种可感觉之爱的拥抱和充满，流入更高官能的统一中。出自这种可感觉之爱的充满，涌流出一种令人欢喜的、弥漫性的风味，流入到心灵和身体诸官能中。凭借这些流，一个人在内部变得静而无动，失去了对于他[她]自己和所有他[她]的行为的控制；他[她]在自己最内在的根底（中心），既不知晓也不感到灵魂和身体的任何其它东西，而只有不寻常的清澈，以及可感觉的幸

---

① 《新约·哥林多前书》6：17："但与主联合的，便是与主成为一灵。"

福和弥漫着的风味。

  ^{b 1895} 这就是第一种样式，也就是虚空（ledich；empty）。它清空一个人那里的所有东西，提升他[她]超出行动和所有的德行，使他[她]与神统一，导致最内在实践的坚定不移。无论何时，一个善人如果被任何杂务或任何德行实践所妨碍，或被形象所困扰，以至于他[她]所向往的赤裸的内转向不再可能，那么他[她]就在这个样式上被阻塞了；因为这个样式的要义就在于超越所有的事物，进入一种空无状态。由此，你们就得到了最内在实践的第一种方式。

第二种样式：主动的欲望

  ^{b 1903} 有时这内在之人带着欲望和行动转向神，以便可以奉献给神以荣耀和敬意，可以在对神之爱里奉献出他[她]自己和他[她]能做的一切；这里，他[她]就无中介地与神相遇。这中介是品尝智慧的赠品，是所有德行的根底和源头，（它）按照每个善人的爱的程度，激起和推动他[她]的德行；有时候，它如此有力地触动和点燃了在爱中的内在之人，以至于神的所有赠品和神能在自身之外给予的一切，对于他[她]都太微小了，无法满足他[她]，而只会增加他[她]的不平静。这是因为他[她]在根底处有了内向的知觉或感觉，而这根底是所有德行的终始，他[她]凭之将所有德行在欲望中奉献给神，而爱就活在那里。这样，爱的饥饿和干渴变得如此之大，以至于他[她]在每一瞬间都放弃自己，失掉行动，耗尽自身，在爱中蒸发消失。每当内部出现神的一瞥（inblick；glance，flash），他[她]就被神俘获，在爱中全新地被再次触动。活着，他[她]死去；死去，又再活来。因此这渴念着的爱之饥饿和干渴在他[她]里边每

时都在更新。

b 1919 这就是第二种样式,也就是渴念的样式,爱在其中以相象的方式存在,渴念着要与神统一。对于我们来说,它比第一种样式更有益、更可称赞,因为它是第一种样式的原因。除非一个人首先充满渴念和行动地去爱,否则他[她]就不能够进入那超出行动的安止。所以,神的恩惠和我们的行动之爱必须前行和跟随,也就是说,它们必须被在事前和事后实践;没有爱的工作,我们既不能欣赏和得到神,也不能保持我们从爱的工作中所得到的东西。这也就是为什么无人是他[她]自己的主人的缘故,同理,那将自己全都交给了爱的人也绝不会是懒惰的。当一个善人嬉戏于任何神的赠品或任何受造物时,他[她]就在这最内在的实践中被阻塞了,因为这实践是一种只有神本身才能满足的饥饿。

第三种样式:按照正义既安止又工作

b 1931 从这两个样式中,出来了第三种样式,即一种按照正义的内向生活。要知道,神不停地在我们里边有中介和无中介地来临,他要求我们既欣享又行动,所以一方面不应该被另一方妨碍,而是要相互不断地加强。因此,内在之人在这两种[次级]样式即安止和行动中拥有他[她]的生活。在每个样式中,他[她]都是完整的和不分的,因为他[她]完整地处于神之中;在神那里,他[她]在欣享欢乐中安止,当通过工作而爱时,他[她]也完整地存在于自身之中。他[她]在每个瞬间都被神劝告和要求着去更新安止和行动这两者。在每个瞬间,这精神的正义要去偿付神所要求的。所以,每次神在内部的一瞥,都使他[她]的精神在行动和欣享中内转(inkeere；inward-turning）。于是他［她］就在所有的德行中被更新，更深入地沉浸于可欣享的安止中。这是因为，神在一次授予中，就给予了他自身和他的所有赠品；而此精神在每次内转中，都给予了它自身和它的所有工作。通过神的单纯内照（inlichter；inshining）、可欣享的倾向和爱的狂喜（ontvlotentheit；transport①），这精神与神统一，并且毫不停息地被带入到安止的境界中。通过作为理解力和品尝滋味的赠品，它在行动中被触动，并在每个瞬间都在爱中被照亮和点燃。

b 1948 一个人能够欲望的一切，都在此精神中向他［她］显示和呈现。他［她］饥饿又干渴，因为他［她］看到了天使的食物和天堂的琼浆；他［她］在爱中奋力劳作，因为他［她］看到了他［她］的安止；他［她］是一个流浪的朝圣者，因为他［她］看到了他［她］的家园；他［她］在爱中为了胜利而斗争，因为他［她］看到了他［她］的桂冠。慰藉、平和、欢乐、美丽、丰富，所有能够（让他［她］）高兴的都被显示给了在神中被照亮的理性，没有尺度而只有精神的相似；凭借这显示和神的触动，爱就总在行动之中。这是因为，这个正义的人已经在此精神中——既在安止中又在行动中——建立起了真实的生活，它将永存不衰；但在此世的生活之后，它将转入更高的境界。

b 1957 就这样，此人是正义的，凭借永恒的行动、带着内在之爱而走向神；他［她］凭借永恒的安止、带着可欣享的倾向走进了神；他［她］居住在神里，但又走出来，在共通的爱、德行和正义中来到受造者们之中。这是内在生活的顶点。所有没有在一个实践中

---

① 又译作"神魂超拔"。

［同时］拥有安止和行动的人，就还未得到这样的正义。这正义之人在其内转中不能被阻塞，因为他［她］是（同时）可欣享地和行动着地内向地转向。

ᵇ ¹⁹⁶³ 但一个人就像一只双面镜，从两面同时接受意象。在他［她］的更高部分，他［她］接受神及其所有的赠品，而在他［她］的较低部分，他［她］从感官接受感性的意象或形象。现在他［她］可在任何他希望的时刻内转，无阻碍地实践正义。但一个人在这个生活中是可改变的。所以，他［她］时常转向外边，在没有必要和没有得到那被照亮理性的命令时，就通过众感官而行动并犯了日常的过错。但是，在此正义之人的爱意内转里，所有的日常过错不过是烈焰洪炉中的一滴水而已。至此，我就［基本讲完了并］要离开这内在的生活了。

对这三种样式的偏离

ᵇ ¹⁹⁷² 但是，有些表面上显得不错的人，其生活却与这三种样式和所有的德行相反。现在就让每个人都来审查并研究一下自己吧。

第一种偏离：伪虚空

ᵇ ¹⁹⁷³ 任何没有被神吸引和照亮的人就没有被爱触动，因此他［她］既没有带着欲望的行动上的投身，也没有对于可欣享安止的爱的单纯倾向。所以，他［她］不能与神统一，因为所有没有超自然之爱的人都转回到他［她］们自身，在异化的东西中追求安止。所有的受造者都自然地倾向于安止，因此它既被善人亦被恶人以多样方式追求。现在要注意了，当一个人是赤裸的，[因]其感官没有被形象侵扰，是虚空的，[因]其更高官能没有被行动占据，那么他[她]就能仅仅凭借本性而拥有这种安止。所有的人都能在他[她]们自身里边、只在其[自然]本性中发现并拥有这种安止，无须神的恩惠，只要他[她]们能够清空自身中的形象和所有工作。可充满爱意的人却不能安止在这里，因为博爱和神恩的内向扰动并不保持安宁。所以，内在之人不能长久地在自然的或出自本性的安止中保持于自身中。

  b 1986 现在让我们来考虑一个人放弃自身而入此自然安止的方式。它是一种没有（任何）内外实践的虚空中的静坐，以便找到安止，并且不受阻碍地保持于其中。但以这种方式来实践的安止是不合法的，因为它在一个人那里产生盲目、无知和无行动地沉入他[她]自身。这种安止只是一个人落入其中的一种虚空，他[她]在那里边忘掉他[她]自己、神和一切与行动相关的事情。这安止与超自然的安止相反，后者是在神中得到的，因为那是爱意葱茏的狂喜，通过单纯的内在注视进入不可把捉的光明里。这种在神中的安止总是要在带着渴念的行动中去追求，在可欣享的倾向中被发现，在爱的狂喜中被永恒地拥有；即便当它被拥有时，它仍然正在被寻求，[因为]此安止高于自然的安止，就像神高于所有受造者那样。

  b 1998 所以，所有那些关注自身的人、沉入到自然安止中的人，以及那些既不带着渴念也不在可欣享之爱中发现神的人，都被欺骗了。因为他[她]们拥有的安止，[只]存在于他[她]们凭借本性和习惯而趋向的自我虚空中。在这种自然的安止中,一个人找不到神,但它的确会将一个人带入一种虚空。异教徒、犹太人乃至所有的人,无论他[她]们可能多么邪恶,都可以找到它,如果他[她]们不受良知谴责地活在他[她]们的罪中,而且能够清空自身中的形象和所有的行动的话。在这种虚空中,安止是愉快的和巨大的。

b 2005 就其自身而言,这安止是无罪的,因为它是所有的人凭本性而有的,只要他[她]们能够清空自己。但是,当一个人要不通过德行的行为而实践它、拥有它时,他[她]就落入了一种精神上的骄傲和沾沾自喜,于是就很难摆脱它。此人有时想象他[她]拥有或就是他[她]绝不会得到的境界。当一个人因此在虚空中拥有了这种安止并将所有爱的投入当作[对于这安止的]阻碍,他[她]就通过这安止居住在他[她]自身之内,他[她]的生活就与第一种方式,即与神统一之人的方式相反了。这就是所有精神错误的开端。

b 2014 现在来看有关它的一种对比。天使们凭借从神那里接受的东西,充满爱意地和可欣享地转向神,于是发现了至福和永恒的安止。但是(对于)那些转回他[她]们自身,并通过在自然之光中的自我满足而在自身中追求安止的人们,这安止是短暂的、不合法的;他[她]们盲目,与永恒之光分离,落入黑暗和永恒的不安止里。这就是第一种偏离,具有它的人安止于伪虚空之中。

第二种偏离:在行动中追求自我

b 2021 要知道,当一个人希望不通过对神的内在渴念投入,而在虚空中拥有任何安止时,他[她]就有了犯所有错误的倾向;这是因为他［她］掉头离开神，凭借自然之爱趋向他［她］自己，去追求和向往慰藉、甜蜜和无论什么能给他［她］带来快乐的东西。这就像一个商人了，因为在他［她］的所有工作中，他［她］最终转回到他［她］自己，追求和瞄准他［她］的安止和利益，远胜过神的荣耀。以这种仅仅自然之爱的方式生活的人，总是拥有他［她］自己的那个与自我意愿不可分离的狭义自我。

b 2028 有的人过着一种在巨大的苦行工作中的艰难生活，为的是得到伟大神圣的名声，让自己配得上巨大的回报；因为自然之爱偏爱自己，喜欢及时地接受到荣誉（并）加上在永恒中的巨大奖励。一些人具有许多爱好，向神祈求和希望许多特别的东西，且他［她］们经常被欺骗了。因为，他［她］们所欲望的东西有时是从魔鬼那里来的，而他［她］们却赋予它以他［她］们［心目中］的神圣性，认为他［她］们完全配得上它。他［她］们是骄傲的，不被神触动和照亮［重要］，这也就是他［她］们将自己关闭在自身中的原因。一点慰藉就能极大地取悦于他［她］们，因为他［她］们根本不知道他［她］们正在失去的是什么。在他［她］们的欲望中，他［她］们完全趋向于内向的滋味和（他［她］们的）本性的精神舒适。这就叫作精神上的不贞洁，因为它是一种自然之爱的混乱倾向，总是转回到它自身，在所有事情中追求它的舒适。这些人在精神上也总是骄傲的和固执的，因此他［她］们的要求和渴望如此强烈地落入他［她］们所愿望的和执着地要从神那里得到的东西上，以至于他们常常被欺骗，而且有些被魔鬼所据有。

b 2044 这些人的生活完全与博爱相反，与爱着的内转也相反，在这种内转中，一个人只能被那不可把握的善，也就是神本身满足，为了荣耀和爱神而通过他［她］能做的一切奉献自己。这是因为，博爱是一种将我们带走的爱的联系，在其中我们放弃自身，与神统一，神也与我们统一。但是自然之爱转回到它自身和它的舒适上来，总是独处。尽管自然之爱与博爱在外在的工作中，其相似就如同一个人头上的两根头发，但是其意向是不同的，因为一个善人总以奉献之心去追求、向往和要求着神的荣耀，而在自然之爱里，一个人总是关注他［她］自己和他［她］的利益。

b 2054 当自然之爱胜过乃至反对博爱，一个人就落入四种罪，也就是：精神上的骄傲、贪婪、暴饮暴食和不纯洁。所以亚当在天堂中堕落，而所有的人类本性也都随之而堕落。这是由于他凭借自然之爱而胡乱地爱他自己，于是在骄傲中背离神，藐视神的戒令。他在贪心中想要知识和智慧，在暴饮暴食中寻求滋味和快乐；后来，他就被搞得不纯洁了。但是马利亚却是活着的天堂。她找到了亚当失去的恩惠，而且还要多得多，因为她是爱的母亲（moeder der minnen）。她在博爱中以行动的方式朝向神，她在谦卑里怀上了基督，她还在慷慨中将基督及其苦难奉献给圣父。她从未通过暴饮暴食来品尝慰藉或任何赠品。她的全部生活都是纯洁的。跟从她的人就克服了与德行相反的一切东西，进入她和她的儿子即圣子在永恒中统治的王国。

第三种偏离：与正义相反地生活

b 2068 当一个人在虚空中拥有自然的安止，在他［她］的所有行为中关注他［她］自己，不可救药地执着于自我意愿，他［她］就不可能与神统一,因为他[她]没有博爱地、不(与神)相象地生活。这里就开始了第三种,也是最有害的乖张,即一种不正义的生活,充满了精神上的错误和所有的乖戾。现在来仔细观察它,以便你们充分地理解它。

b 2073 按照他[她]们自己的看法,他[她]们是沉思神的人,他[她]们还想象他[她]们是活着的最神圣之人。然而,他[她]们的生活是反对神的、与神不相象的,与所有的圣者和善人都不相象。现在注意这个评论,以便你们可以在言词和工作中来认识他[她]们。凭借他[她]们在自身和虚空中感到的和拥有的自然安止,他[她]们坚持说他[她]们是自由的、无中介地与神统一的,是高于神圣教会的所有实践、神的戒令、律法,乃至一个人能够以任何方式而具有的所有德行行为而被高举的。在他[她]们看来,这虚空是如此伟大,以至于谁也不能以任何工作来妨碍它,无论它们可能如何地美善,因为虚空要比所有的德行更高贵。所以,他[她]们站立在一种毫无主动性或活动性——无论是向上的还是向下的——的纯粹的被动性中,正如一架自身不活动的织机,等待它的主人愿意工作时才来使用它。理由是:如果他[她]们做了任何事情,神都会被其活动性而妨碍,因此他[她]们摆脱掉所有的德行,变得如此虚空,以至于他[她]们既不要感谢也不要赞美神,既没有知识也没有爱,无意愿、无祈祷、无欲望。在他[她]们看来,他[她]们(已经)得到了他[她]们可能为之祈祷和欲望的一切。因此,他[她]们缺少精神,因为他[她]们无意愿,已经放弃了一切,毫无任何自己偏好地生活;他[她]们还觉得,他[她]们是虚空的,已经克服了一切事物,已经拥有了神圣教会整个实践的使命和存在为之努力的一切。所以他

[她]们说,没有任何人能够,甚至神也不能,给予他[她]们或从他[她]们那里拿走什么,因为按照他[她]们的想法,他[她]们已经超过了所有的实践和德行,已经进入了纯粹的虚空,摆脱了所有的德行。于是他[她]们就说:相比于获得德行,需要更多的努力在虚空中摆脱掉德行。

b 2098 因此他[她]们希望自己是自由的,不服从任何人,不管是教皇、主教还是教区神甫。尽管从外表上看,他[她]们显示出表面的服从,但内心里,他[她]们不服从任何人,无论是在意愿里还是工作里,因为他[她]们以一切方式清空了神圣教会所熟悉的一切事情。所以,他[她]们说:只要一个人还在为了德行而努力,还在渴望去服从神的最珍贵意愿,他[她]就还是一个不完美的人,因为他[她]还在收集德行,还不知道[他[她]们所达到的]这种精神贫乏和虚空[的高妙]。在他[她]们眼里,他[她]们(自己)已经高于所有这些圣者和天使的唱诗班,高于所有我们可以通过任何方式获得的回报。因此他[她]们说,他[她]们在德行中不能够再增长了,也不应该再获得奖赏,也不会再去犯任何罪了;因为据说他[她]们是无意愿地活着,已经将他[她]们的精神在安止和虚空中给予了神,所以他[她]们已经与神合一,而消灭了自己。于是他[她]们就能自由地做他[她]们的身体本性想做的一切事情,因为他[她]们已经达到了天真无邪,没有任何法则适用于他[她]们了。这样一来,如果(他[她]们的)本性被推动朝向了某个可以给它快乐的东西,如果精神的虚空以某种方式会被那个举动妨碍或阻塞,那么他[她]们就按其欲望而满足本性,以便他[她]们的精神虚空可以不被打扰。所以,除了因为要迁就(其他)人们而为之,他[她]们就既不关心斋戒,也不在乎节日和戒律,因为他[她]们在所有事物中都无良知地活着。

b 2119 我希望我们不遇到许多这样的人,但是这种人是最邪恶和最有害的在世之人,因而他[她]们很难被转变过来。有时他[她]们被魔鬼控制,而且他[她]们是如此灵巧,所以很少有人能通过理性战胜他[她]们。但是,凭借神圣经典、基督的教诲和我们的信仰,能够充分证明他[她]们是被欺骗的。

b 2125 此外,人们还可以发现另一种悖谬之人,他[她]们与以上讲的这些人在某些点上是相反的。这些人也坚持同样的(东西):认为自己清空了所有的工作,只是神用来做成他所意愿的东西和他所意愿的方式的工具。所以,他[她]们说他[她]们是没有工作的纯粹被动性,而神通过他[她]们完成的工作是更高贵的,比那些凭借神的恩惠而自己完成工作的人有更多的价值。因此他[她]们说自己是承受神的人,自己什么也不做,而是神完成了他[她]们的所有工作。这些人还说,他[她]们不会犯任何罪,因为是神在完成这些工作,他[她]们则已经清空了一切;神意愿的一切东西通过他[她]们得以成就,绝无其它。这些人已经从内部放弃了自己,无为、虚空,对什么都无偏爱地生活着。他[她]们具有一种顺从的、谦卑的态度,极能够受苦和平静地忍耐遭遇到的一切,因为他[她]们认为自己是神按照其意愿而工作的一件工具。这些人在许多方式和许多工作上,类似于善人的行为;但是在某些事情上,他[她]们是相反的,因为他[她]们被内在驱动而朝向的一切东西——不管它们是(与神)相象还是不相象——都被他[她]们断言是从圣灵来的。在此以及类似处,他[她]们是被欺骗的。因为圣灵既不意愿也不建议任何人去做任何与基督和神圣基督教世界不一致的事情。

ᵇ ²¹⁴⁶ 这些人很难被认出，除非被那些被照亮的和具有精神和神圣真理分辨力的人；因为他[她]们中的一些人非常难以捉摸，善于伪装和掩饰他[她]们的乖张。他[她]们是如此地固执，如此坚决地将自己固定在自我意愿上，以至于他[她]们宁可死也不愿放弃任何已经把牢了的要点，因为他[她]们认定自己是最神圣的和最被照亮的在世之人。他[她]们与第一种人的不同在于，他[她]们说自己是会增长的和获得功劳或价值的，而第一种人则坚持说自己不再能得到什么功劳了，因为他[她]们已经在统一和虚空中拥有了自身，从那里，他[她]们无法再向上行了，因为那里没有[也不再需要]实践了。

对于这些错误的综合和拒绝

ᵇ ²¹⁵⁵ 这些人都是任性荒谬的，是在世中的最邪恶者，他[她]们将被回避，仿佛他[她]们是从地狱来的魔鬼。但是，如果你们很好地理解了我以上以多种方式给予你们的教诲，你们就会容易地确认，他[她]们[只]是被欺骗的，因为他[她]们的生活与神、正义和所有的圣者都是违背的。他[她]们都是反基督的初级形式，是为所有的不信仰准备道路；因为他[她]们要脱开神的戒律和德行而自由，要变得虚空，要无爱情和无博爱地与神统一。他[她]们要成为那样的人，即不带着（对于神的）爱意凝视地沉思神，不凭借神圣工作而（成为）在世的最神圣之人。他[她]们说，他[她]们安止于一个他[她]们不爱者的那里；他[她]们被高举到了一个他[她]们既不向往又不渴望者的那里。还说他[她]们清空了所有的德行和投入,以便不妨碍神的工作。他[她]们也的确承认神是创造者以及所有受造者的主,但他[她]们既不希望去感谢又不希望去赞美他;(他[她]们承认)神是无限的、全能的和丰富的;可他[她]们又说,这神既不能给予他[她]们也不能从他[她]们那里取走任何东西,而且他[她]们既不能再增长也不能获得什么功劳。有些人主张相反的东西,说他[她]们的功劳比其他[她]人的要更值得奖励,因为神[替他[她]们]完成了他[她]们所做的工作,他[她]们在虚空中承受了神的运作,(神)就在他[她]们自身中活动。他[她]们于是说,最高的功劳或价值就在这里面。

b 2174 这完全是欺骗,是不可能的,因为神的工作就其自身而言是永恒的和不变的,神(所)工作(的就是)他自身,没有其它的东西。在这种活动中,没有任何凭借受造者而造成的增长和功劳,因为这里除了神之外什么也没有,而这神是既不能被拔高也不能被贬低的。但受造者们通过在本性、恩惠和荣耀中的神的力量,做出它们的行为。如果这里的(地上的)工作结束于恩惠里,它们就会永恒地在荣耀中持续下去。如果一个受造者就其行为而言能够被消灭,变得虚空,就如同它不曾[在时间中]存在,①也就是说,它变得在每个方面都与神为一,就像它还不存在时那样;如果这是可能的——其实是不可能的——那么它就不能得到比它以前[不存在时]所得到的更多的功劳;它也就不比一块石头或一根枯枝更神圣或更值得被祝福,因为如果没有我们自己的行为,没有爱和对于神

---

① 时与神不分的原意象状态(参见 a5,a840)。

的知识，我们就不能被祝福；但是神却会被祝福，正如他永恒地存在，尽管那于我们是毫无益处的。

〔b 2187〕因此，［这类人讲的］有关这种虚空的一切东西都是欺骗。因为他［她］们要为所有的邪恶和乖僻辩护，将它们置于比所有的德行更高贵和更崇高的地位；他［她］们要巧妙地掩饰那最邪恶的东西，以便让它显得是最好的。这些都是与神及他的所有圣者相反对的，倒是肯定与那在地狱中的被诅咒的精神存在者们相似；因为这些被诅咒的精神存在者们没有爱和知识，清空了感恩、赞美和所有的爱意投入，因此他［她］们就被永恒地诅咒。这些人不再缺少任何东西，除了让他［她］们落入永恒的［负面审判的］时间，那时正义就会揭示他［她］们的工作［的邪僻性］。

丁、基督和圣者们是我们内在生活中的榜样

〔b 2196〕但是，基督这神的儿子，按其人性，是所有善人的法则和首领，他教会他［她］们应该如何生活；他过去、现在和将来都与他的成员，也就是所有的圣者们一起，带着爱和欲望来感激和赞美他在天上的父。然而，他的灵魂过去和现在都在神圣存在中得到统一和被祝福。可是他不能、也永远不会进入这种虚空，因为他荣耀的灵魂和所有被祝福的人都永恒地投身于爱，正像那些饥渴的、品尝了神并因此而不再能被满足的人们。尽管如此，这基督的灵魂以超出所有欲望的方式欣享神和所有的圣者，那方式中只有唯一性，也就是神和所有被他选择者的永恒至福或被祝福状态。

〔b 2205〕因此，欣享［安止］和［德行］行动构成了基督和他的所有圣

者，这是所有善人依其各自爱的程度的生活。它就是永远不会消失的正义。所以，我们应该通过德行和善举在内外方面丰富我们自己，正如那些圣者们所做的。我们应该充满爱意地和谦卑地在神的注视下通过我们的所有工作奉献我们自身：这样我们就凭借他的所有赠品的中介而迎接他、与他相遇，我们就被可感之爱所触动并充满了共通的忠诚。于是我们就要在真正的博爱中涌流出去，并再回流进来，由此而被确立，并在一重化的平和和神圣相象中稳固地居住。凭借这相象、可欣享之爱和神圣的光明，我们从自身奔流开去而进入统一，无中介地在可欣享的安止中，凭借神来迎接神。这样，我们就会永恒地居住[在神中]，总是涌流出去，同时又不停地再次返回。以这种方式，我们就拥有了一个各方面都完美的内在生活。愿它降临到我们身上，神哪，为此而帮助我们吧！阿门。

第 三 篇

沉思的生活

$^{c\,1}$这位内在的爱神者,在可欣享的安止中拥有神,在献身的和行动着的爱意中拥有自身,在具有正义的德行中拥有他[她]的全部人生;凭借这三点以及神的隐蔽的启示(oppenbaringhe;revelation),此内在之人就来到了一种沉思神的生活里。神在其自由中希望选择这位内在的和正义的爱者,在神圣的光明中并按照神的样式将他[她]高举到一种超本质的沉思(scouwene;contemplation)中。这种沉思让我们立于超出我们理解力的纯洁和清澈中,因为它是特别的富集和天堂的王冠,而且还是对于所有德行和所有生活的永恒报偿。没有谁能够凭借科学、精明或无论什么样的实践来达到它,而只有神希望通过其圣灵来与之合一、通过他本身来照亮的人,才可以沉思或注视神,其余者皆无可能。

$^{c\,12}$这个隐藏着的神圣本性永恒地行动着、沉思着,在人们那里爱着,在本性的统一中拥抱着人们。在这种处于与神本质上统一的拥抱中,所有内在的精神都在爱的出神狂喜中与神合一,(它们都)与本性在其自身中所是者一般无二。在这种神圣本性的崇高统一中,天父就是天地间所做的一切工作的源头和开端。于是他[神]就在沉浸(于神之中)的精神藏匿处说道:"看哪,新郎来了,出去迎接他。"我们现在就从超本质沉思的角度来解释并说明这些话,这种沉思是所有神圣的基础,也是一个人能够过的所有生活的基础。

$^{c\,21}$由于人们自身的无能,以及人凭之而进行沉思的光明的隐藏,很少有人达到这种神圣的沉思。因此,无论靠什么研究或自身

内的精细思索，也不会有人能真正透彻地理解这些叙述，因为所有的言语，一个人能以被造者的方式来学会和理解的东西，都远离和远低于我要说的这种真理。然而，那与神合一的人、在这真理中被照亮的人，就能够凭借（这真理）自身来理解这真理。因为要理解神，也就是超出所有类比而理解那在其自身中的神，意味着通过神而成为神（god sijn met gode；to be God with God），无须中介或任何会造成阻碍或间隔的它者。所以我希望那些既不理解又没有在他[她]们的可欣享的精神统一中感觉到这个[境界]的人们，不要觉得受到了冒犯，而是让事情顺其自然吧。我要说的东西是真的，基督这永恒的真理在许多段落的教诲中，就是这么说的，只要我们能够揭示它、合适地展示它[就能看到它]。因此，如果有人要理解它，他[她]就必须对自己不再有感觉，而是活在神里边，转脸朝向他[她]精神基底里的永恒之光，而隐藏着的真理在那里是无中介地被泄露出来的。

第一部分 "看哪"

᠎ᶜ³⁸ 因为这位天父希望我们去看，又因为他是光明之父[参考《雅各书》1:17]，所以，他就直接而且连续地在我们精神的隐藏处以永恒的方式说出一个深不可测的词，也就是单独一个而绝不更多的词。在这个词里面，他表达出了他自身和所有的事物。这个词就是"看"。这是指走出去以及永恒的光明之子的出生，人在他里面知道并看见了所有的至福。

ᶜ⁴⁴ 现在，如果这精神要去在这神圣的光明中，无中介地通过神而沉思神，那么对于一个人来说，就必须满足三个条件。第一个是，他[她]必须在涉及外边的所有德行时都中规中矩，[从而]在里边不遇到任何障碍，清空所有的外向工作，就仿佛他[她]没有从事任何工作一样。这是因为，如果他[她]由于任何德行的工作而在内心中忙碌的话，他[她]就会受到形象的袭击。只要这种情况还在进行，他[她]就不可能进入沉思。第二，他[她]必须凭借投入的意向和爱情而粘着于神，就像一团被点燃的熊熊火焰，不再熄灭。当他[她]感觉自己（处）在这种状态里，他[她]就能够沉思了。第三，他[她]必须在一种无样式状态中失去自己，也就是进到这样一种黑暗里，在其中，所有的沉思者欢乐地徜徉而不再处于被造者的样式里。

ᶜ⁵⁵就在这种黑暗深渊——那充满爱意的精神在其中死于自身——里，开始了神的启示和永恒的生命；因为在此黑暗中，[才会]闪现和产生出那不可思议的光明，它就是神之子，人要在他里边去沉思永恒的生命。就在这光明中，一个人才能够看。这种神圣之光在此精神的单纯存在中出现，在那里这精神接受到神本身的光辉，超出一切赠品、一切受造者的行为，进入它的空虚之中，它在里边通过欣享之爱丧失了自己，无中介地接受到神的光辉。而且，它毫不停顿地就成为了它所接受的那种光辉。看，人在这隐藏的光辉（verborghene claerheit; hidden brightness）中，按照精神被倒空的样式来沉思他[她]所欲望的一切事情；而这光辉是如此巨大，以至于这爱着的沉思者在他[她]所安止的基底处，除了一片不可思议的光明之外，既不看也不感觉到任何事物。按照那包围着所有事物的单纯赤裸，他[她]发现并感到他[她]本身就是他[她]所看到的那片光明，而不是别的任何东西。

　　ᶜ⁶⁹这就是你要知道的第一点：一个人如何能在神圣之光中观看。那些如此观看的眼睛有福了，因为它们拥有了永恒的生命。

第二部分 "新郎来了"

    ^{c 72}当我们能够以这种方式观看，我们就能在欢乐中沉思我们新郎的永恒来临，这是下面要谈的第二点。那么，什么是我们新郎的永恒来临呢？它是一种不断的新出生和新启明，因为使这光辉闪耀的基底，其实也就是这光辉本身，是活着的和多产的。所以这永恒之光的启示就在这精神的隐藏中被不停地更新。看，所有受造者的行为和所有德行的实践都必须在此失效，因为神在这里（的）运作不是别的，而就是在最崇高精神里的他本身。这里只有永恒的沉思，只有在光明中、通过光明的对光明的凝视。这新郎的来临是如此之快，以至于他总已经来临着并且（正）携持着深不可测的丰富性居留着，而且（他）还正在以位格的方式不断地重新来临着，带着全新的光辉，仿佛他以前一直没有来过似地。这是因为，他的来临存在于一种无时间的永恒的现在（eenen eewighen nu, dat altoes; an eternal now, without time）里，总是被［沉思者］带着新的欲望和在新的欢乐中接受。注意，这位新郎在其来临中带来的至福和欢乐是无底的和不可测度的，因为他本身就是这个（至福和欢乐）。因此，这精神凭以沉思和凝视它的新郎的眼睛被如此宽广地张大，以至于再也不会闭上；这是由于，这精神的凝视和沉思永恒地保持在神的隐藏启示上，这精神的理解力为了新郎

的来临而扩张得如此宽广，使得这精神本身就成为了它所理解的宽度本身。这就是第二点，讲的是我们如何在我们的精神中不停顿地接受我们新郎的永恒来临。

第三部分 "出去"

甲、我们在神中的永恒存在，处于我们在时间中的被创造之前

[c 96]现在，神的精神在我们精神的隐藏着的出神狂喜中说道："按照神的样式，出去，进入到永恒的沉思和欢乐中。"在神的本性中的所有丰富性，我们凭借爱而在神中拥有，神则凭借圣灵的不可测度的爱在我们里边拥有。在这种爱中，一个人品尝到他［她］所能欲望的一切。因此，通过这种爱，我们的自我死去，我们走出来进入无样式和惚恍的出神狂喜。此精神在那里拥抱神圣的三位一体，在安止和欢乐欣享中，永恒地居住在超本质的统一里。在同样的统一中，按照丰产（vruchtbaerheit（vrochtbaerheit）; fruitfulness）的样式，圣父在圣子之中，圣子也在圣父之中，而所有的受造者都（是）在他们两者里边。这就超出了位格的区别，因为这里我们只靠理性，在（神的）本性的活生生的丰产性中来理解圣父和圣子。

[c 108]这里有一种永恒的"出去"和一种无开端的永恒行动在涌现和发端，因为当这全能的圣父在其丰产性的基底中完美地理解了自身时，此圣子，也就是圣父的永恒道说，就作为在神性中的另

一个位格而出去。通过这个永恒的出生,所有的受造者就都[随之而]永恒地出来了,先于他[她]们在时间中的被创造。因此神[那时就]在自身中凭借着那样一种区别——它处于那些给予生命的观念中和与神自身不同的他者性中——,注意到并了解了他[她]们;但是(他[她]们)也不是在所有方面都与神不同,因为一切在神里边的[存在者]就是神。

  c 116 这个永恒的出去,这个为我们所永恒地、无我地具有和认同的永恒生命,就是我们在时间中被创造的原因。我们的被造存在就悬挂于这个永恒的存在里,而且就(其)本质性的存在而言,我们的存在与此永恒的存在乃是一体。这个我们所具有并在永恒的神智[基督]中所是的永恒存在和生命,是与神相似的;因为它[也]有一个在神圣存在中的无区别的永恒居留,[也]有一个通过圣子的出生、符合永恒理性的永恒流出。凭借这两点,它与神是如此相似,以至于神在这个涉及存在和位格的相似性里不断地认出他自身、反思他自身。尽管这里有着按照理性[而形成]的区别和他者性,但此[人与神的]相似性与神圣三位一体的意象是一致的;此三位一体是神的智慧,在其中神在一种没有"之前"和"以后"可言的永恒的现在(eenen eewighen nu sonder voer ende na, an eternal now, without before and after)中,沉思他本身以及所有的事物。因此,神在一重化之看里注视他自身及所有的受造者,而这就是神的意象和神的相似性、我们的意象和我们的相似性,因为神就在其中反思他自身和所有的东西。在这个神圣的意象中,所有的受造者都拥有一个无其自身的永恒生命,就如同在他[她]们的永恒原型之中那样。

乙、在此沉思生活中得到我们永恒的意象

　　^{c 132} 神圣的三位一体按照此永恒的意象和这种相似性造就了我们。所以神要我们从我们的自我里出来，进入到这神圣的光明中，超自然地追求这本就是我们自身生命的意象，以行动的和欣享——在永恒的至福中通过神来欣享——的方式来拥有它。这是因为，我们发现这圣父的基底的确就是我们的基底和源头，在其中，我们开始了我们的生命和存在。出自我们特有的基底，也就是出自圣父、出自一切活在他里边的东西，那永恒的光辉，也就是圣子的出生就闪现出来了。在这光辉或圣子中，圣父和一切活在他里面的存在者就向他［圣父］自身表现出来，因为他所是的和所有的一切，他都给予了这圣子，只有一个例外，即他单独保留着的父亲的特质。因此，一切在圣父那里（还是）隐含地活着的东西，在圣子那里（却是）已经在启示中奔流了出来。我们永恒意象的单纯基底总是无样式地保持在隐晦中，但是由它而闪耀出来的无公度的光辉，将神在样式中所隐藏者启示和展现了出来。

　　^{c 147} 所有那些超拔出了他［她］们的受造性、进入了沉思生活的人们，与这种神圣的光辉为一体，他［她］们就是这光辉本身。他［她］们凭借这神圣的光辉，看见、感到和发现了这样一种情况，即按照他们的非受造性的样式，他［她］们本身就是这同样的单纯基底；出于它，此光辉在一种神圣样式中无［现成］尺度地闪现出来，在其（即基底）中，按照存在的单纯性，这种光辉只保持在内部，永远没有样式。因此，所有内在的沉思者都应该按照沉思的样式，超

出理性、区别和他[她]们的受造存在，凭借在先天之光中的永恒内向凝视，站出去；于是他[她]们被转化，与他[她]们凭之而看并且正在看到的光明合为一体。这样，这些沉思的人们就获得了他[她]们的受造所依凭的永恒意象，他[她]们就在单纯之看和神圣光辉中无区别地沉思神和所有的一切。

c 160 这就是一个人能够在此生进入的最崇高和最有益的沉思。在其中，此人就总是他[她]自己的说一不二的主人，自由无碍，而且在每一个充满爱意的内在转向里，能够在超出所有可理解者的生命崇高性中成长；这是由于，他[她]在内在的实践和德行中，总是自由的，总是自己的主人。凝视于神圣之光使得他[她]超出所有的内在实践和德行，因为这正是我们为之努力而且现在正以某种方式拥有的王冠和报偿，还因为沉思的生活乃是一种天堂的生活。然而，如果我们能从这种[还有所执着的]放逐中[进一步被]解脱出来，我们就更能够按照我们的受造性来接收这光辉，神的荣耀就会通过我们以一切方式更好、更崇高地闪耀出来。

c 170 这就是超出一切样式的样式，一个人通过它而走出去，进入到一种神圣的沉思和永恒的凝视里，人在其中被转化和升华到神圣的光辉之中。

第四部分 "去迎接他"

c 173 在沉思的人那里,这种"出去"也是一种充满爱意的出去,因为凭借可欣享的爱(ghebrukelijcke minne;enyoyable love),他[她]超出了他[她]的受造性,发现并品味神本身所是的丰富和至福;神引发它们不停地流入精神的隐藏性中,而此人在那[精神的隐藏性]里与神的崇高性是相似的。

c 178 当这内在的沉思之人由此追求他[她]的永恒意象,在此清澈性中通过圣子而拥有了圣父的胸怀,他[她]就被神圣的真理所启明。他[她]就在每个时刻都重新接受到永恒的出生,而且他[她]走出去,按照光明的样式进入了一种神圣的沉思之中。这里就出现了第四点或最后一个要点,即一种爱的相遇或迎接(minlijc ontmoet;loving meeting),我们的最高至福就在于此。

c 183 你们应该知道,天父乃是带有所有活在其中者的活的基底,他主动地转向他的儿子,也就是转向他自己的永恒智慧;而这同样的智慧和所有活在其中者[也]主动地转回到圣父,也就是转回到它所从出的同一个基底中来。在这个相遇或迎接中,涌出了圣父和圣子之间的第三位格,即圣灵,也就是圣父与圣子的相互热爱(beider minne;mutual love);此圣灵与他们两位是一体的,具有同样的本性。而且,它(即这种爱)主动地和可欣享地围绕和弥漫着圣父、圣子和一切活在他们两位之中者；它带有如此巨大的丰富性和欢乐，使得所有的受造者都必须对它保持沉默，这是因为持驻于此爱中的不可思议的奇迹永恒地超越了所有受造者的理解。但是，当一个人不再以吃惊的态度来理解和品味这种奇迹时，此精神就超出了自身并与圣灵为一，它甚至就像神那样无尺度地品味并看见这样一种丰富性，这种丰富性本身处于那活的基底的统一之中，而精神在这一统一之中按照它的非受造性来拥有自身。

c 199 现在，这充满至福的相遇或迎接，照着神的样式在我们里面主动地、不停地更新着，因为这圣父和圣子在永恒的（相互）满足和爱意拥抱中将自身给予对方。这[相互给予]被在每一时刻、在爱的联系中更新，因为正如圣父不断地在他儿子的出生中重新注视所有事物，所有事物也在圣灵的涌出中被圣父和圣子重新爱恋。这是圣父与圣子之间的主动相遇，在其中我们通过圣灵在永恒之爱里被充满爱意地拥抱。

c 207 这种主动的相遇和爱意拥抱，在其基底处是可欣享的和无样式的，因为神的不可测度的无样式性是如此地黑暗、如此地无样式可言，以至于它将众位格的所有神圣样式、行为和特质都包融于自身之中，包融于本质统一的丰富拥抱之中，并且（它）在比无名的深渊中产生出神圣的欢乐欣享。这里就是可欣享的忽略（over-liden；passing-over），一种溢流入本质的赤裸性中的吞没，那里所有神圣的名称、样式和给予生命的众观念——它们被描绘在神圣真理之镜中——，都无例外地落入到这个没有样式、没有理由的单纯无名性之中。在这个深不可测的单纯性旋涡之中，所有的东西都被包融于可欣享的至福里，而这基底本身保持为完全不可理解的,除非凭借本质的统一。活在神中的众位格和一切事物必须在它之前变形顺从,因为这里只存在着一种在爱意出神的可欣享拥抱中的永恒安止。也就是说,在所有内在精神所喜爱的、超出了一切事物的无样式存在中的安止。

^{c 221}这就是黑暗的宁静,在其中所有[可对象化]的爱恋都茫然失据了。但是,如果我们能够因此在德行中准备好自己,我们就会很快地脱去这肉体而流入大海的猛烈波涛;[那么就]没有任何受造者能够再将我们拉回来。那不拒绝祈求者的神圣之爱呵,请让我们在欣享中拥有这本质的统一,并在三位性中沉思这一体吧!阿门,阿门。

术 语 索 引

（数字指本中译本页码）

哀愁（wee；woe） 64,65
爱（minne；love）8,11,12,14,16,
　18,23,24,31—34,37,40,41,43,
　46,48,51,53—56,59,62—63,
　65,67,72—78,88,91,94—102,
　104—113,119,121—125,127—
　147,151—153,156,159,162,
　166—168
爱的联系（bande van minnen，the
　bond of love） 55,96,146,167
爱的相遇或迎接（minlijc ontmoet；
　loving meeting） 166
爱火（een ghevoelijc vier van min-
　nen，a felt fire of love） 62,
　81,113
爱人（minnere，Lover） 3,17,18,
　45,132
百合花（lelie；lily） 37
卑微（nederheit；lowliness） 16,
　20,26
被创造出的（g[h]escapen[e]；cre-
　ated） 14
被夺入神（raptus；rapture） 74

被感动（beruert；stirred） 10
被高举（opverheven；lifted up）
　61,70,74,90,95,115,122,
　147,150
被照亮的（verclaerde，verlichter；
　enlightened） 92—93,96—100,
　108—110,122,131—133,141,150
迸发（inval；irruption） 109,135
蝙蝠之眼（oghe der vledermuys；
　eye of a bat） 110
辨别力（besceidenheit（bescheeden-
　heyden）；discernment） 27,
　33—34,40,69,106
博爱（karitate；charity） 11,14—
　17,19—20,23—26,29—30,32,
　39,44,48,50,53—55,64,66,69,
　76,83,85,93,98,100,102—104,
　106,108,113,119—120,130,
　132,143,145—147,150,153
不可把捉的（onbegripelijc；incom-
　prehensible） 43,47—48,143
不可测度的（afgrondich；unfath-
　omable） 47,92,113,160,167

不可及的（ontoegankelijc；inaccessible） 47

不可知的（onbekenlijc；unknowable） 47

超自然（overnatuerlijc；supernatural） 8,11,32—34,50—56,88,91,94,99,108,110,118—119,130,142—143,164

沉没（ontsinken（ontsinct）；sink[s] away） 119,130,134,

沉思（scouwene；contemplation） 46,73,110,113,132,147,150,155,156,158—160,162—166,168

沉思凝视（contempleren；contemplate） 77

沉思神的超本质生活（overweselijcken, godscouwenden levene；superessential life of contemplating God） 4

耻辱（schaemte（scaemte）；shame） 9,17,29

赤裸（blootheit；bareness） 74,107,116—117,130,138—139,143,159,167

赤裸的空白（blootheit, bareness） 74,90

炽热（hitten；heat） 61,72,93,96

充满爱意的灵魂（minnendeziele, loving soul） 11,54

充满爱意的相遇（minlijc ontmoet；loving meeting） 3

冲动（drift（dreft）；drive） 33,85,99,108

崇拜（we[e]rdicheit；worship） 16,20,26,63

崇高（hoocheit（hoocheyt）；sublimity） 4,20,26,34,37,43,51,54,58,70,77,85,88,91—93,97,99,101,104,106—108,116,121,126,130—134,152,156,160,165,166

出去（gaet ute；go out） 1,3,25,39,41,42,50,55,58,59,61,66,79,89,90—93,95—99,101,103,105,107,109—111,113,115,117,156,158,162—163,165—166

触动或扰动（roeren（rueren）；touch, stir） 9

创伤（wonden（ghewont）；wound（wounded）） 31,71,75

纯洁（reinicheit（reynicheit）；purity） 9,12,36—38,50,63,122,146,156

纯洁化（suvering[h]e；purification） 12,58

纯一性或单一性（eenheit；oneness） 47

慈悲（ontfarmicheit（ontfermi-

cheit);mercy,mercifulness)
19—20,23,93,98—99,134

打动(bewegen(beweeghet);move
(moves)) 9—11,20,31,46,56

打动或感动(roeren(ruert);move,
touch,stir) 9

大一(dies;One) 85

大醉(dronckenheit;drunkenness)
67

单纯(eenicheit;singleness) 61—
62,74,87,129

单纯性(simpelheit,simplicity)
55,90,100,119,123,125—126,
129,133—135,164,167

单纯意向(eenvoldighe meyninghe;
a simple intention) 91

单纯意向(eenvuldighe meyninghe;
single intention) 122—126

单纯之眼(simpel oghe;simple eye)
122

单一性(eenheit;oneness) 47,131

当下(eenen nu;one now) 31,130

倒空(ledich;empty) 119,159

道言(woort;Word) 107

道言(wo[o]rd,Word) 7,14,93

德行(duegden;virtues) 3—4,12,
14—16,19—20,24—27,29—42,
44—46,48,50,53—56,59—61,
63—66,68,72—73,76—78,80—
89,91—92,96,99—101,104,
107—109,111,113,115,118,
120—125,130—139,141—142,
144,146—148,150—153,156,
158,160,165,168

灯(lampte;lamp) 30,50

灯笼(lanterne;lantern) 56

点燃(ontvonken(ontfunct);en-
kindle) 30,58,60—62,75,87,
95,96,99,107,109,115,127,
139,141,158

点燃(bernen;enflame) 58,60—
62,75,87,95,96,99,107,109,
115,127,139,141,158

动荡(ongeduur(ongheduer);un-
quietness) 72,75—79

堕落(vall[e];falling) 14,79,146

恶魔(viant;fiend) 2

恩惠(gracie;grace) 3,8—11,13,
15,19—21,23—25,27,33—34,
39—40,42,46,50—51,54—56,
59,61,63,83,87,90,93—96,99,
109,113—115,118,120,123,
129—130,135—136,140,143,
146,149,151

放弃(vertiinge(vertijnghe);re-
nunciation) 21,28—29,44,50,
62,68,72—73,80—82,85,89,
103,127—129,131,139,143,
146—147,149—150

放射(schijn;radiance) 8,74

沸腾　64—65,72

丰产（vruchtbaerheit（vrochtbaerheit）；fruitfulness）　162

丰富（rijcheit（rijcheyt）；richness, riches）　13,66,78,96,98,109, 120,132,138,141,160,162,167

丰富化（sierheit（cierheyt）；enrichment）　29,34,37,53—54,58—59,88—89,99,108,122,129

风味（smake；relish, savor［味道］）　26,62,135,138—139

蜂蜜露（honich dau；honey-dew）　76

服务（dienen；serve）　16,26—27, 33,63—64,87,99,101,103,126, 133—134

福乐（welheiden；well-being）　67—68

概念式理解（ghescapen begrijp；created comprehension, created concept）　34

感受（g[h]evoelen；feeling）　28, 60,67,70,105—106,111—112, 131,135

高贵（edelheit（edelheden）；nobility）　2,13,19,20,25,26,31,43, 59,63,74,77,81,88,113,120, 122,128,147,149,152

高贵性（edelheit；nobility）　95, 97,98,104,107,108,117,123, 132,136

根基（gront（gronde）；ground）　43,100,103,113

共通的（gemeen（ghemeyne）；common）　8—9,32,94,95,101—103,129,133,141,153

观看或观想（merken；consider, mark）　13

官能或能力（crachten；faculties, powers）　11

光明（licht；light）　8,11—12,20, 61,65,81,86,89,93,95,105, 107—111,113,116—118,129—133, 135—138, 143, 153, 156, 158—160,164—166

皈依（keer；converted, conversion）　8—12,19,23,44,51,68,89,98, 102,121,134

国王（coninc；king）　15,39—40

果实　64,65,66,68,70,72,76—78,133,

黑暗的沉静（duystere stille；dark stillness）　92

呼出（gheesten；breathe）　14,94

忽略（overliden；passing-over）　167

欢乐（vroude；joy）　10,37,61,67, 69,71,74,78—80,92—95,98, 103—104, 106—107, 111, 119, 122, 128, 130—131, 140—141, 160,162,167

荒野的沙漠（welde woestine；wild

desert) 92

荒野黑暗（wilde duysternisse；wild darkness) 137

悔恨（leet；compunction) 10，12

活泉（levendet founteynen；living fountain) 90，129

活着的（levende，living) 53，107，111，128，146—147，160，164

火（brant（brande）；fire) 30，61，65

基底（gront；ground) 70，80，157，159—160，162，164，166—167

激出了（gheesten；spirate[呼出了]) 94

激烈（orewoet；impetuosity) 72—73，75—77，79，127

激情（doghen［受苦］，passion) 19，30，42，127

极乐（weelden；bliss) 19，67，76

记忆（me[e]morie[n]；memory) 52，90，95

教会（kerke（kercken）；church) 27，35，37，53，79，102，103，123，134，147—148

惊异（verwonderen；astonishment) 94—95，98

精神（g[h]eest[s]，spirit) 8，16—18，27，30，33，35—37，43，50—56，59—61，66，67，70，71，73，74，76，79—81，83，90，91，95—100，102—104，106—113，115—138，140—141，144—148，150，152，156—162，166—168

精神存在者（gheeste，spirits[这里指人的精神本性]) 96，97，99，104，110，120，121，123，136，152

精神之爱（eene subtile gheestelijcke minne zonder aerbeit，a subtle spiritual love without labor) 95

酒（wijn；wine) 60—61，81，126

酒浆（licoor（licore）；liquer) 54

巨蟹座（creeft；Cancer) 69

开花 65，68—69

看（sien（siet)) 1—3，7—9，11—13，15，17—18，25，35，42—43，46—47，50—53，55—61，64，73—74，76，92—94，99，101—103，111，115，128，141，156—160，163—165，167

可欣享的爱（ghebrukelijcke minne；enyoyable love) 137，166

渴望（begeren（begheren）；yearn) 10，20，24，25，28，33—34，39，47—48，62，64，67，71，83，99，104，110—113，130，136，145，148

渴望的（begherlijcker；yearning) 21，33，61

空无（niet；nothingness) 131，138—139

空虚（ledich；empty) 51，159

恐惧（vre[e]se；fear） 10,40,57, 86,122—123

快乐（g[h]enoechte；delight, pleasure） 34,56,70—71,74,79—80, 83,97,124,131,145—146,148

宽恕（verg[h]even；forgive） 44, 63,102

狂喜（ontvlotentheit；transport[又译作"神魂超拔"]） 141,143, 156,162

来临（toecomste；comings） 3,13, 14,19—22,24—25,42,50,57— 61,66—69,71—72,77—79,89— 90, 95, 105—106, 108—110, 115—116, 120—121, 140, 160— 161

理解力（verstaen；understanding） 36, 73, 91, 110—112, 122, 129, 133—134,141,156,160

理解力或知性（verstaene；understanding） 91

理性（redene；reason） 10,27,29, 34—35, 38, 40, 44, 69, 72, 77, 92—97, 109—112, 124, 127, 132—133, 135, 141, 149, 162— 163,165

炼狱（vagheviert；purgatory） 23, 29,76,96,99

良心（consiencie；conscience） 8— 9, 12, 22, 25, 29, 34, 37, 40, 42, 50,83,103,106

灵魂（siele（zielen）；soul） 9—12, 14—16, 18—21, 25, 32—34, 36, 38—40, 42, 45, 47—48, 50, 52— 54, 56, 59, 61—65, 70—71, 88— 91, 94—95, 99, 102, 107, 118, 135,138,152

领告[对忠告的领受]（raed；counsel） 126—127,129

蚂蚁（miere（mire）；ant） 77

盲目的（blent；blind） 111

玫瑰（rose；rose） 37

弥漫（doregaen（doregheet）；pervade） 62,90,95,135,166

蜜蜂（bie；bee） 69

母亲（moeder；mother） 15—18, 78,87,102,146

内向的联系（inwindighen bant；inwardbond） 90

内向的实践（inwindighe oefeninghe；inward practice） 84

内向性（innicheit；inwardness） 85

内向真理（inwindighe waerheit；inward truth） 85

内运作（inwercken；inworking） 11,135—136

内在（inwendich；inwardly） 15— 17, 19, 21, 26, 30, 33, 35, 44, 46, 49—51, 53—60, 62—65, 67—74, 76—79,81,83—89,92,98—102,

105，108—113，115，116，119—121，125—127，130，133—144，149，152，153，156，164，165，166，168

内在的（innich，inner） 4，7，13，16，27，33，37，46，49—51，54，56—59，62—65，68，70—72，74，79，81，83，84，87—89，92，98，100，109，110，113，119，125—127，133，135，138，140，142，156，164—166

内在的、激昂的渴念生活（innighen，verhavenen，begheerlijcken leven；inner，exalted，yearning life）4

内在的实践（innigher oefeninghen；inner practice） 57—58，62，79，81，140，165

内在运动（inwindich beweghen，inward movement） 30

内照（inlichten；inshining） 137，141

内转（inkeere；inward-turning） 138，140—142，145

宁静（stilheit；stillness） 16，28，30，63，89，100，107，168

女人（vrouwe；woman） 2，17，75

配得上（verdienen；merit，deserve）8—11，22，42，64，122，145

贫乏（armoede；poverty） 20，26，79，115，148

品尝（smake[n]；tasting，savor[品味]） 69，80，82，84，86，88，100，111—113，126，131—132，135，136，139，141，146，152，162

品尝着风味的智慧（smakende wijsheit；savoring-wisdom） 135

品味（gesmaken（ghesmaecte）；savor，relish，taste） 4，14，24，29，34—35，99，103，111，166—167

平和（vre[e]de；peace） 28—29，36，55，62，99，102，103，108，122，126，133，141，153

葡萄酒（wijn；wine） 60—61

祈祷（g[h]ebet；pray） 16，24，27，33，79，85，98—99，102—103，134，147

气息（adem；breath） 83

气质（humore[n]；humor[s]） 82

启明（verclaert；enlightenment） 55—56，60，92，131，160，166

启示（oppenbaringhe；revelation） 73，91，156，159—160，164

器皿（vat；vessel） 54，56，111

强烈欲望（begherlijcke smakende ghelost；yearning，savouring lust） 74，81

清澈（claerheit；clarity） 50，58，91，93，96，104，132—133，138，156，166

情人(minn[a]ere; Lover[爱人]) 3,132

区别(ondersceite (ondersceede); dinstinction, discernment) 91, 93, 95—96, 129, 135, 162—163,165

燃烧(berne; burn) 62,65,75—76,87,95,97,108,113,127

扰动(roeren (ruert)[触动]; stir) 10,56,59,135,143

热情(er[e]nst; zeal) 17,33—34, 38, 50—51, 60, 105, 122, 124—125

热望(crighen; craving) 111

人类(menschen; mankind) 2,9—10,13,16,18,21,27,30—31,33, 63,71,75,87,105,108

人类本性(mensc[h]elijc[ke] natu[e]re; human nature) 1,8,31, 87,134,146

人性(menschheit (menscheyt); humanity) 7,14,15,26,47,87, 88,92,104—106,128,134,152

仁慈(goedertier[en]heit; mercifulness) 13, 29—32, 44, 87, 93, 105,124

忍耐或耐心(verduldicheit (verduldicheden); patience) 17

荣耀(glorie; glory) 15, 22, 24, 34, 36—38, 45—46, 54, 62, 80, 87—88, 94, 96, 98, 102—103, 114—115, 120, 127—128, 130, 133—134, 139, 145—146, 151—152,165

三伏天(hontdaghe; dog days) 75

三股水流 (drierivieren; three streams) 89—90,109,129

三位性(driheit; threeness) 98, 131,168

三位一体(drivoldicheit; Trinity) 47, 87, 104, 109, 117, 125—126, 162—164

山峦 60—61

善(goet; good) 8,10,22,32,52, 62,74,92,98,105,111,117,145

善行(goede werke; good works) 12,20,31,122,125,133

伤口 (quetsure; laceration) 18, 32,71,105—106

身体(lijf (live); body) 2,7,16—18, 21, 23, 32—38, 42, 46—47, 51—53, 58, 60, 62—64, 66—68, 72—73, 76, 79, 81, 83—84, 88—89, 94, 101—106, 122, 135, 138,148

身体的(lijflijcke; bodily) 16,32, 35—38,42,46,53,68,73,76,79, 83,84,88,103,104,135,138

深不可测的(grondeloos; fathomless) 43,158,160,167

深情（ghevoelijcke liefde；sensible affection） 26，39，43，62—63，65，67，75，87，104—105

神的恩惠（gracien gods；God's grace［又简译为"神恩"］） 8—9，11，34，39—40，42，51，54—56，61，83，96，99，109，115，118，120，130，136，140，143，149

神的灵（gheest gods；spirit of God） 65

神的母亲（gods moeder；Mother of God） 15

神的颜色（godvaer；God-colored） 130

神恩充满（de volheit der gracien gods；the fullness of the grace of God） 90—91

神圣位格（godlijcken person；divine Persion） 43，94

神圣之爱（god［e］lijcke minne；divine love） 11，12，14，101，112，124，132，168

神视（visione，vision［神见，异象］） 73

神性（godheit；divinity） 14，47—48，50，92—93，98，105，133，137，162

生命（leven；life［生活］） 3，8—10，21，39，42，52—53，63，71，83—84，86—88，104，116，121—122，159，163—165，167

圣灵（heylighe gheest；Holy Spirit） 3，14，17，30，35，55，59—62，65，89，91，93—94，99，106—108，112，119，121，123—124，127，137—138，149，156，162，166—167

圣事或圣礼（sacramente；sacraments） 8

圣徒（heilige（heylighen）；saint（saints）） 1，9，14，28，34—35，53，64，73

失败（ontbliven；failing, be lacking in［缺失］） 97，111，113，138

狮子座（liebaert；Leo） 72，75

时间（tijt；time） 11，14，21，23，29，32，38，42，75，77，84，88—89，91，94，107，117，135，151—152，160，162—163

实践（oefeninge, practice） 12，14，23，27—28，33—34，37—38，50—51，53—62，64—65，69—70，73—74，78—79，81，84—89，95—96，100，108，110—111，113，115，120，123，125，132，135—136，138—144，147—148，150，156，160，165

世间（erdenrike（eertrijcke）；earth） 21，23，27，68，87，113，126

适中（soberheit；temperance） 34

室女[处女]座（mag[h]et；Virgo）78

受苦（dogen（doghen）；suffering，passion） 17—19，23，30—32，39，80，109，111，128—129，149

受造者（creatu[e]re；creature） 12，18，22，43，51—52，55—57，59，61—64，70—72，74，79，81—83，87，92—95，97，107—110，112—113，117—119，121，128，132，136，141，143，151，159—160，162—163，167—168

双子座（twellinc；Gemini） 66

水脉（adere[n]；vein） 106，109—110

撕裂（quetsuere[n]；laceration[s]） 18，32，68，71，72，106

死亡（doot；death） 10，13，18，21，23—24，31，40，45，63，82—83，134

太阳（sonne（zone）；sun） 7，9，19—20，60—61，65—66，69—72，75，78，80—82，87—88，94，110，129—131，133，135

天秤座（waechschale（waghescale）；Libra） 80

天使（engel（ingele）；angel（angels）） 3，13，22，37，63—64，73—75，94，98，134，141，144，148

天使军（hemelsche heer，heavenly hosts） 98

天使群（coere，choirs） 97

天堂（hemel；heaven） 10，14，22—23，27，39，55，58，63，66，70，73，76，78，80，88，93—94，107，113，121，126，128，141，146，156，165

通过神而成为神（god sijn met gode；to be God with God） 157

通过中介（met middele；by intermediary） 74，117，120—123

同情（compassie；compassion） 30—33，98，102

统一（e[e]nicheit，unity） 43，50—56，58—59，61—62，65，69—71，73，77，85，87—93，95—96，99—100，102，104—110，113，116—124，127，129—130，132，134—142，144，146—147，150，152—153，156—157，162，167，168

痛苦（dog[h]en；suffering） 10，15，18，31—32，38，71—72，80，102

推动（bewegen（beweeghet）；move） 32，55—56，58—60，62，65，108—109，120，139，148

外在（utewendich；outwardly） 9，13—16，23，26，28，35，37，48，56，63，72，74—75，83，88，102，146

唯一者（ghenen；One） 45

未来（toecomende；future） 73，92

术语索引　179

位格(persone；person)　3，15，17，43，47，93—94，104，115，160，162—163，166—168

位格-人格性(persoenlijcheit；personality)　106

慰藉(troost；consolation)　18，30，50，61，67—70，79，81，83—84，87，102，126，141，145—146

无尺度可言的(sondermaniere；without manner)　73

无公度的(ong[h]emeten；incommensurable)　47，137，164

无序倾向(ongheoordender gheneycheit；disordinate inclination)　84

无样式的(wiseloos(wiseloes)；modeless)　73，84

无中介的(zonder middle；without intermediary)　20，116，118—119

夏季　65，72，77，79

相互热爱(beider minne；mutual love)　166

相象(ghelijc；likeness)　92，106，108，117—125，129—131，133—134，136，140，147，149，153

向日葵(goutbloeme；sunflower)　37

肖像(ghelijckenisse；likeness)　92，118—119，132

邪气(quade humoren；evil humors)　82—84

心智(g[h]edachte[n]，mind)　52

欣享(gebruken(ghebruycte)；enjoy)　14，16，23，36，50，55，58，110—111，119—120，122，129—132，134，137—138，140—144，152—153，156—157，159，162，164，166—168

新来临(nuwe toecomst；new coming)　20，66，121

新郎来了(Die brudegom comt；The bridegroom cometh)　1，3，13，50，55，58，115，156，160

信任(toeverlaet；confidence)　95，122

行动着的生活(werkende leven；active life)　3，5，46，48，53—54

虚空(ledich；empty)　138—139，142—144，146—152

需求(nootdorftichtit；neediness)　16，19—20，30

悬挂(hangen；hang)　52，95，117，163

血(bloede；blood)　2—3，17—18，63，71—72，102，104—105

压印(druct；impress)　117—118

样式(wise；mode)　13—15，19，21，24，37，43，45—46，51，59—61，64—66，68—70，72—75 77—80，82，84—93，95—96，99—101，

103,107—110,112—113,115,
117—119,121,124,132,134—
140,142,156,158—159,162,
164—168

样子（ghelijckenisse；likeness）2,
64,92,118

一个朴素的统一体（een eenvuldich
een；a simple unity）43

一瞥（inblick；glance，flash）
139,140

一瞥（blicke；glimpses）74,

一束阳光的闪现（eenblic der zon-
nen；a flash of sunlight）11

一瞬间（in corter tijt；in an instant
of time）11,24,60,118,139

一重（eenvoldicheit；one-foldness）
92,94,100,106—107,122,129,
136—137,163

一重化的（eenvoldich（eenvoldigh-
er）[单纯的]；one-fold）93,95,
102,107,113,122,131,153,163

意向（menen（meynen[专注]，
meninge）；intend（intension））
42—45,48,54,61,68,85,91,
106,122—127,134,146,158

意象（beelde；image）1,51,56,
73,76—77,92,116—118,142,
163—166

意愿（wille；will）8—11,21—22,
27—29,33,35—37,39—40,51—
52,80—82,89,91,94—96,99,
105,117—118,124,127—129,
131—133,145—150

溢流（utevloeyen（uutvloeyen）[外
溢]；outflow[ing]）93—94,
98,103,108,111—113,121,133,
137,167

隐藏的光辉（verborgheneclaerheit；
hidden brightness）159

迎接（ontmoeten meet）1,3,42,
44—45,48,50,55,74,105,115—
117,121—123,134,137—138,
153,156,166—167

永恒（ewicheit（eewicheyt）；eterni-
ty）3,14,29,32,36,39,44,64,
69,77,88—89,92—93,123,135,
145—146

永恒道言（eewighen word；the E-
ternal Word[圣子]）93

永恒的（e[e]wich；eternal）7,9,
22—24,37,42—43,46,50—51,
53,55,65,69,71,82—83,87,88,
91,93,105—107,111—112,
115—117,131,134,136—137,
141,144,151—152,157—160,
162—167

永恒的现在（eenen eewighen nu
sonder voer ende na，an eternal
now，without before and after）
160

永恒的现在（eenen eewighen nu, dat altoes；an eternal now, without time） 163

永恒的饥饿（eewich hongher；eternal hunger） 111

涌流（vloeyen；flow） 20，87—88，90—91，93—96，100，105—109，112，117，119，121，130—131，134，136，138，153

欲望（begeerlicheit（begherlijcheit）；desire, yearning） 19—20，29，35—38，45—46，60，62—65，70—71，74—75，81，83，87，97，101，105，111，120，126，128，134，139，141—142，145，147—148，152，159—160，162

欲望官能 58，74

原初运动（eersteberoeringhe；prime motion） 107—108

原罪（erfzonde[n]；original sin） 14

赠予（gave；gift） 14—15，19，21，23

照亮（verlichten；enlighten） 7—8，11，20，26，30，40，44，48，50，59—61，71，89，91—93，96—100，102—105，108—110，112，120，122，128—129，131—135，141—142，145，150，156—157

这一时刻（eenentide；one instant） 130

正直（gerechticheit（gherechticheit）；righteousness） 19—21，24—26，35，44—45，68

知识（conste；knowledge） 40，47，68，117，124，133—134，146—147，152

至福（salicheit（zalicheyt）；blessedness）。 8，13，16，19，23，31，37，42—44，47，51，64，67—68，88，93，96，105，112，117，119—121，144，152，158，160，164，166—167

致死之罪（dootzonden；mortal sin） 8，29—30，32—34，36—37，84，106，118，120

中介（middle（middle），intermediary） 20，54—55，74，90，99，109—110，116—123，135—140，147，153，157—159

壮丽（moghentheit；majesty） 19，26，43

滋味（smake（smaect）；savor, taste） 35，43，66—67，124，130，135—136，138，141，145—146

最贫困（armste；poorest） 111

人 名 索 引

（数字指本中译本页码）

基督（Cristus；Christ） 1,3,7,10,
12—25,27—28,30—38,42,44,
46—48,50—51,53,55—56,58—
61,65—66,69—72,77—81,86—
90,92,95,101—106,108,110,
115,116,118,120—122,125,
127,128,134,146,149,150,152,
157,163

加百列（Gabriel） 3
马太（Matheus；Matthew） 1
撒该（Zacheus；Zacchaeus） 47
耶稣（Jhesus（Jhesum）；Jesus） 13,
　134
以色列（Israhel；Israel） 101
约瑟（Joseph，Joseph） 16—17

附录一　吕斯布鲁克及其
《精神的婚恋》中的"迎接"的含义[①]

一、吕斯布鲁克

1. 背景

这里讨论的约翰·吕斯布鲁克(Jan van Ruusbroec,1293—1381)[②]属于所谓"基督教神秘体验论"(Christian mysticism,通常译为"基督教神秘主义")[③]这样一个精神潮流。更具体地讲,他是

---

① 此文第二部分主要来自我于1997年在比利时安特卫普大学的吕斯布鲁克研究中心(Ruusbroecgenootschap,或译作"吕斯布鲁克学会")时所写的一篇英文论文。那篇文章的写成极大地得益于该中心主任吉多·德·巴赫(G. de Baere)教授和著名的神秘体验论研究者莫玛子(P. Mommaers)教授,此外还有凡尔代恩(P. Verdeyen)教授虽然不多但十分精当的指点。而这段思想因缘则是由鲁汶大学钟鸣旦(N. Standaert)教授主持的并与北京大学哲学和宗教学系合作的"比较哲学与宗教"项目所促成。在此向他们深致谢意。此文所有不足之处完全由著者负责。

② 吕斯布鲁克(Ruusbroec)又写作"Ruysbroeck"。之所以译为"吕斯布鲁克"而不是"儒斯布鲁克"或"鲁伊斯布鲁克",是因为此名的开头"Ruu"或"Ruy"中的元音"uu"或"uy"在荷兰语或弗莱芒语中的发音近似汉语拼音中的"yu"或"ㄩ",而不是"wu"或"ㄨ"。所以,当我请莫玛子教授比较"吕斯布鲁克"与"儒斯布鲁克"及其它发音时,他认为头一个更近于弗莱芒语中的发音。

③ 通常将"mysticism"译为"神秘主义",沿习已久。它的不妥之处在于,几乎所

一位中世纪荷兰语世界中的基督教神秘体验论者,而且是一位强调"**爱**的神秘体验"的修士。他的最重要著作被命名为《精神的婚恋》或《灵婚》。①"爱的神秘体验"是指这样一种精神追求,它通过对于耶稣基督的深挚爱恋,经历各种痛苦,包括被神遗弃的痛苦,最终挣脱一切内外束缚而与神(God)②直接相会相融。这些束缚不仅包括感性的迷惑,还包括概念理性和道德理性的刻板。在这个意义上,可以说超出了这些束缚的体验是"神秘的";它在沉思和祈祷中所体验的不是任何对象,而是生命与存在的本源。但它并非反理性、反感性,而是要达到感性与理性的尽头,即人与神相通的那样一个交接处或迎接神之处。对于这些神秘体验者而言,这"爱"(荷兰文为"minne")绝不空洞,也不止是个比喻;它充满了真情实意,有自己最强烈的渴望、敏锐的感受、苦痛的煎熬、过人的聪

有的"mystic"或主张"mysticism"的人都强烈反对让任何"主义"(观念化的理论、作风和体制)来主宰和说明自己的精神追求。他们所寻求的是超出任何现成观念的原发体验;在基督教(主要是宗教改革前的基督教和改革后的天主教)可说是与神或神性(Godhead)相通的体验,在非基督教的,特别是东方文化传统中,则是对本源实在(梵-我,道,佛性)的体验。这样,称之为"主义"就有悖其义。此外,在当今汉语界中,"神秘主义"似乎带有相当浓重的反理性色调,在许多语境中已不是个中性的,而是否定性的词。将"mysticism"译为"神秘体验论"或"神秘体验"就避免了这一层不必要的成见。

① 《精神的婚恋》(*The Spiritual Espousals*,荷兰文为 *Die geestelike brulocht*)在早期的传播和译为拉丁文的过程中,就被加上了"盛装"或"装点"(chierheit,ornatus,adornment)这样的词。它在这里意味着"光辉""盛大"。此书也就因此而被称之为《精神婚恋的盛装》(*The Adornment of the Spiritual Marriage*)。但原书的标题中没有这个词。所以,在吕斯布鲁克的《全集》(*Opera omnia*)中,此书书名被确定为《精神的婚恋》(中文亦可译为《精神的婚姻》或《精神的婚礼》)。见《全集》第三卷(*Opera omnia* III, ed. Dr. J. Alaerts, tr. Dr. H. Rolfson, intr. Dr. P. Mommaers, dir. Dr. G. de Baere, Brepols/Turnhout,1988)。

② 本文中的"神"这个词指"至上神"或"上帝"(God,deus),特别是基督教的三位一体的至上神。使用它是为了行文方便,并与"神秘体验"中的"神"遥相呼应。

明和通灵之处。它有人间情人的那种爱火，但无占有的欲望，而且正因其无私欲而让这爱火在人间遭遇中烧得如痴如醉、变化万千。

按照研究者们的一般看法，基督教神秘体验论从思想上受到了柏拉图、菲洛（Philo）、普罗提洛、奥立金（Origen）、尼斯的格列高利、奥古斯丁、伪狄奥尼修斯等人的影响，① 但直接深刻地影响了中世纪爱的神秘体验实践的是明谷的贝尔纳（Bernard of Clairvaux，1091－1153）。他在《关于"雅歌"的讲道》中，借《圣经》"雅歌"中意境来说人与基督的关系，开后来爱的神秘体验潮流的先河。"雅歌"第一首是这样的："愿他用口与我亲嘴；因你的爱情比酒更美。"② 贝尔纳居然可以用这样的诗来讲神人之爱，没有孔夫子解"关雎"为"乐而不淫""思无邪"的眼光和魄力是办不到的。十三世纪中叶佛兰德地区的女自修士哈德薇希（Hadewijch）写下了相当动人的诗歌与通信，倾诉她追寻这条爱的神秘体验（minnemystiek）之路中的大苦大乐。对于她，"爱就是一切"。③ 德国著名的 M. 艾克哈特（M. Eckhart，1260－1327），除了其他特点之外，也是一位爱的神秘体验论者。本文要介绍的吕斯布鲁克稍晚于哈德薇希和艾克哈特，受过他们的影响，但写出了有自己特色的爱的神秘体验的著作，影响到其后的神秘体验潮流。

关于神秘体验论的基本特点，不少研究者曾试图做出描述。

---

① 参见 A. Louth：*The Origins of the Christian Mystical Tradition：From Plato to Denys*，Oxford：Clarendon，1981。

② 《圣经·旧约》和合本译文。

③ 此句话出自哈德薇希通信集中的第 25 封信。译自 V. Fraeters 的 "Hadewijch" 一文。载于《荷兰语世界中的女作家文选》（*Women Writing in Dutch*）（K. Aercke ed.，New York：Garland，1994），第 20 页。

按照莫玛子教授，神秘体验有四个主要特点。（1）受动性（passivity）。指神秘体验者的一切主动的（active）追求，比如祈祷、沉思、行瑜伽、坐禅、静坐，等等，都不能直接导致神秘体验，而必在某一无法预定的畸变点上发生转化，主动的追求形态让渡给"放弃自身"于本然的"受动"形态，并因而感受到"神触"。① 因此，追寻这体验的人总需"等待"，而进入到这种体验中的人就总有得到"恩惠"之感。（2）直接性（immediacy）。这是指非间接的、超出感官与观念思维的直接体认。用《庄子·养生主》中庖丁的话来讲就是："以神遇而不以目视，官知止而神欲行。"（3）交融为一（unity）。这与前两点密切相关。在神秘体验中，不只是我在它（他）里，它在我里，而是：它就是我。②（4）（自我的完全）灭绝（annihilation）。绝没有一个还可以自以为是、沾沾自喜的神秘体验。这体验必像熔炉一样，烧尽一切现成的存在形态。

以下就将先简单介绍吕斯布鲁克的生平，然后讨论其《精神的婚恋》中"迎接"或"相遇"的思路。

2. 吕斯布鲁克的生平

今天，我们对于这位不同凡响的神秘体验论者的著作和思想的了解远胜过对其生平的了解。他的传记材料数量有限，其早年生活阶段几乎是个空白。而且，这有限材料中的一部分，即波莫瑞

---

① 莫玛子和布拉格特（J. v. Bragt）:《佛教与基督教的神秘体验论——遭遇约翰·吕斯布鲁克》（*Mysticism Buddhist and Christian: Encounters with Jan von Ruusbroec*）(New York: Crossroad, 1995)，第 49 页以下。

② 同上书，第 60 页以下。

乌斯（H. Pomerius，死于1469年）在其《绿谷修道院的起源》中所提供者，也有不准确或与其他事实相冲突之处。吕斯布鲁克同时代人所提供的珍贵材料基本上只限于1343年之后的绿谷修道院阶段。

约翰·吕斯布鲁克1293年生于布鲁塞尔以南九公里的"吕斯布鲁克村"，1381年去世，享年88岁，在中世纪可谓长寿之人。他悠长的一生可以说是相当宁静和内在丰满的。但是，十四世纪这段时间（相当于中国的元、明相交时期）在欧洲历史上却是一个灾祸横生、变异多有的时代。战争（包括"百年战争"）、暴动、反叛、减去三分之一人口的黑死病等等，使得整个社会动荡变化。教皇与国家之间的纷争、教派之间的纷争、教会的腐败、"神秘"异端组织（比如"自由精神兄弟会"）的大量出现，等等，极大地震撼了基督教会。吕斯布鲁克在自己的著作中就严厉批评了当时教会的腐化和精神的贫乏，同时也批评了偏激的神秘体验论的倾向。

关于他的家庭，我们所知无几。只晓得他在十一岁时离家跑到布鲁塞尔的叔叔约翰·辛凯尔特（Jan Hinckaert）那里，并从此就住在这位任布鲁塞尔的圣哥德勒（St. Goedele）大教堂牧师的家中。辛凯尔特叔叔送他去上这所大教堂的学校，学了拉丁文，在"语法、修辞和辩证法"方面受到教育。波莫瑞乌斯在他关于吕斯布鲁克的传记中为了突出这位大师直接从圣灵得灵感的形象，尽量淡化他的教育经历，说他只上了四年学。而另一些人则断言他不懂古希腊文，甚至不懂拉丁文。最后一条肯定不成立，因为吕斯布鲁克的著作表现出作者对拉丁文献有很好的掌握。不管怎样，他没有得到过大学学位，但在二十五岁时（1317年）获得了比较低级的牧师资格。在接下来的二十五年多的时间里,他是布鲁塞尔圣哥德勒大教堂的一位低职牧师(chaplain)。就在这段时间中,在神秘体验的推动下,他写出了一系列重要著作,包括《爱者的国度》(可能写于1330—1340年间)、《精神的婚恋》(可能写于1335年前后)、《闪光石》、《四种引诱》、《基督教信仰》和《精神的圣所》。可见,他是位"大隐金门"的真隐者。就在布鲁塞尔的喧闹生活中达到了深邃的神秘体验。关于他写作的具体动机,研究者给出了这样三种解释:首先,吕斯布鲁克将教会的种种弊端归结到一点,即神职人员尝不到真正的精神"味道"(savor,滋味、风味)。"对他们来说,服事我主并无味道可言。"所以,"对这些人来讲,其修道院是监狱,而世界则是天堂"。[①] 为了弥补这种内在精神的缺乏,吕斯布鲁克愿意与他们分享自己体验到的精神至味。与此相关的第二个动机则是抵抗"自由精神兄弟会"一类的神秘体验潮流的影响。正因为教会人士品尝不到精神的风味,那些自称能提供这种味道的"左道旁门"就大行其道。第三个原因则是,吕斯布鲁克的一些朋友和学生(包括他指导的女自修士们)恳请他写下这些体验和他平日的口头传授,以泽及同道。这些著作、尤其是《精神的婚恋》和《精神的圣所》,在吕斯布鲁克生前就已在西欧产生影响。前者于1360年之前被译成了当时的教会语言——拉丁文。

1343年,吕斯布鲁克生活中发生了一个重要变化。他与其叔辛凯尔特及另一位更年轻的神职人员弗兰克·库登柏格(Vrank v. Coudenberg,1386年去世)一起离开布鲁塞尔,抛弃了那里供奉

---

① 莫玛子:"《〈吕斯布鲁克〉全集》前言",见 *Opera omnia* I,第21页。

多年的神职,来到布鲁塞尔以南约十公里处的"绿谷"(Groenendaal)隐居下来。研究者对于他们这个举动的原因有不少推测。简单说来不外乎"厌倦布鲁塞尔的教堂神职生活"和"被'神圣的孤独生活'所吸引"这样两条。由此可见,追求神秘体验者,不论多么重视"有神意的共同生活",还是如野鸟那样依恋山林,不适应于人间的体制之网,而渴望自由独处、尽性尽命的精神生活。这一点古今中外并无区别。

库登柏格出身于布鲁塞尔的显赫人家,他认识布拉邦特(Brabant,约相当于今天比利时北部与荷兰南部的一片地区)的约翰公爵三世,后者将绿谷的居所、池塘和林地赠与了这三位隐修者。在此之前的几十年间,此地曾有几位隐士住过。应最后那一位隐士之请,吕斯布鲁克写了《闪光石》。这三位高人起初并不想建立正式的修道院,因为他们"寻找的不是精神的机构,而是更深的精神体验"。① 但是,这种无任何名号的修行方式遭到非议。为了谋得一长久的安身之地,由库登柏格出面与主教商议,于1350年3月将此隐修所或乡野小教堂改为奥古斯丁修会属下的一座修道院(priory)。库登柏格任院长,吕斯布鲁克则被任命为副院长(prior)。② 辛凯尔特这时已年老体衰,并很快去世,所以未成为正式修士。但他一直被此修院尊为圣洁隐者。

从1343年开始,吕斯布鲁克一直住在绿谷,直到1381年逝世。在这几近四十年的岁月里,他过着一个常有灵交体验的隐居

---

① 凡尔代恩:《吕斯布鲁克和他的神秘体验论》(*Ruusbroec and His Mysticism*)(Collegeville:The Liturgical Press,1994),第13页。

② 同上书,第41页。

修士的生活，但也不拒绝接见来访的求教者，偶尔也到邀请他的修道院去传道解惑。"每当神启之光充溢他的灵魂，他就走向'森林中的一个隐秘之处'。在那里，他在一块蜡板上写下圣灵赐与他的灵感，然后将蜡板携回修道院。"①就这么一章一章地，他写出自己的著作。有时要等很久，圣灵才重新惠顾。所以，他的书中常有重复之处，但并不雷同。

波莫瑞乌斯记下了这样一个故事，并声称此事的目击者到他那时还活着。一天，吕斯布鲁克又走入林间的隐秘之处，在一棵椴树下沉思。"他的灵魂中燃烧着爱火，以至完全忘记了时间和钟点。"会中的兄弟们感到不安，于是分头到林中长久地寻找他。终于，一位熟识他的兄弟从远处看到一株树被光环围绕。走近方看见这虔修者正坐于树下，"沉浸于充沛的神性至福之中，神游象外"②。这株树因此而在后世受人尊崇。此传记中还记载了这位隐修者行的另外的一些奇迹。吕斯布鲁克在绿谷写出了《七种闭关》《永恒拯救之镜》《精神爱阶上的七层阶梯》《关于启示的小书》《十二位女自修士》和一些信件。

到 1381 年冬天，八十八岁的吕斯布鲁克生了很重的病。在这之前，他那早已过世的慈母已在他梦中预示他将不久于人世。他谦恭地要求修会中的兄弟们将他送入病室。在那里他的病情更加严重，发烧、泻痢；这样过了两周，终于在众人的祈祷声中，异常平静、安详地逝去。

---

① 凡尔代恩：《吕斯布鲁克和他的神秘体验论》（*Ruusbroec and His Mysticism*），第 47 页。

② 同上书，第 48 页。

他的著作不仅成为他所属修会的一个重要精神源泉,而且长久地影响到后来的神秘体验潮流,比如深刻地影响了"现代虔信派"或"共生兄弟会"的创始人杰哈特·格鲁特(Geert Groot,1340－1384)①和此会中著名的 T.肯姆本(T. Kempen,1379－1471),德国重要神秘体验论者陶乐尔(Tauler,1361 年去世)和莱茵地区的"上帝之友会"。这种影响还越出中北欧而施及南欧,比如间接地波及西班牙著名神秘体验论者十字约翰(John of the Cross,1591 年去世)和阿维拉(Avila)的特丽莎(Theresia,1582 年去世)。他的一些重要著作在其生前就被译为拉丁文和德文。他去世不久,其著作的英文译本也开始出现。十七世纪初有了整部《精神的婚恋》的法文译文。到十六世纪中叶,吕斯布鲁克的全部著作已被译为拉丁文,使得整个西方基督教世界都可以听到他的声音。②

尽管吕斯布鲁克在其著作中严厉批评那些非正统的神秘体验论者,但他的著作也曾遭到正统人士的怀疑和指责。就是对他的思想有强烈兴趣的人,有时也不能理解他的一些说法。比如格鲁特一方面被吕斯布鲁克的著作吸引,并极力传播它们,另一方面又怀疑其正统性,而且无法理解为什么这位神秘体验论者对上帝和地狱没有足够的恐惧。③ 更严厉的一次指责来自曾任巴黎大学校

---

① 凡尔代恩:《吕斯布鲁克和他的神秘体验论》(*Ruusbroec and His Mysticism*),第 76 页以下。又见阿·汤因比:《人类与大地母亲》,上海人民出版社 1992 年版,第 620 页。
② 凡尔代恩:《吕斯布鲁克和他的神秘体验论》(*Ruusbroec and His Mysticism*),第 12－15 节,第 18 节。
③ 同上书,第 78 页。

长的 J. 吉尔森（J. Gerson, 1363 - 1429）。他一读再读拉丁文的《精神的婚恋》之后，感到这是一部异端作品。于是在 1396 年与 1399 年之间写信批评，认为这书中第三部分关于人神通为一的阐述抹杀了两者之间的根本区别，是泛神论的，因而应被拒绝和烧掉。吉尔森知道吕斯布鲁克在这书的第二部分斥责了不顾人神区别的神秘体验论者，但在他看来，这位布拉邦特的隐修士自己在该书的第三部分又堕入其中。绿谷修道院的修士极力为自己的精神导师辩护，但并不能说服这位权高望重的神父。他在 1406 年再次写信，更严厉地指责吕斯布鲁克的泛神论。由于种种原因，吕斯布鲁克的学说没有被教皇谴责，而是作为合乎正统的神秘体验学说流传了下去。不过，从道理上讲，吉尔森的判断并不错；吕斯布鲁克达到的最高精神境界确实超出了公教会能容忍的范围。

二、《精神的婚恋》中"迎接"的含义

《精神的婚恋》是吕斯布鲁克的主要作品。它分为三部分，相应于他讲的三种人类生活：行动的、渴慕的和沉思的。① 每一部分都有一个由相同的四个步骤组成的结构。这结构来自《圣经·新约》中《马太福音》的一句话（25:6）："看，/新郎来了！/出去迎接他。"② 最

---

① 见以上已引用过的吕斯布鲁克《全集》第三卷（Opera omnia III），第一部分，第 40 - 47 行。以下引用此书时将一律在正文的括弧中直接给出此《全集》版提供的标准行数。"b"与"c"分别代表此书的第二部分和第三部分，前面不加字母者为前言和第一部分。

② 此译文按英文《圣经·新约》及《精神的婚恋》英文本重译，略不同于和合本。

后的步骤,即"去迎接(meet)他"或"去与他相遇",不仅仅是前三个步骤或阶段的目的,而且是所有基督教的神秘体验和思想的最敏感之处。它既吸引神秘体验者,又总对他们已经获得的东西形成挑战。莫玛子写道:"这个首要阶段的高潮便是吕斯布鲁克所说的'迎接'或'相遇'([荷兰文为]ontmoet,[英文为]meeting)。这个词不仅是整部《婚恋》的关键,而且是他在其他十部作品中描述的神秘体验的中心。他所写的一切东西都以这个迎接的思想为中枢。"①以下就将探讨这个"迎接"或"相遇"的三个方面,并同时阐述吕斯布鲁克精神世界的独特之处。

1. 迎接神的可能性——人的生存结构

吕斯布鲁克关于"所有人中的三重统一(triple unity)"的阐述为我们提供了一个"自然的"(natural)的起点。这"三重"意味着人类生活的三个层次。最低一层属于身体功能的领域。这些功能包括五官和身体行为,它们在与身体不可分的"心灵"(heart or soul)中达到统一。第二个层次包括更高的功能,主要是记忆、智力和意志;它们在精神或精神性的心灵中达到统一。最高的、对于吕斯布鲁克来说也是"首先的"(b36)统一"处于神里面","因为所有的受造者都通过(他[她]们的)存在、生命和生存之道而悬挂在(hangen;hang)这个统一中。如果他[她]们在这个意义上割断与神的联系,那么他[她]们就会落入虚无并被毁灭"(b36-39)。所

---

① 莫玛子和布拉格特:《佛教与基督教的神秘体验论》(*Mysticism Buddhist and Christian*),第146页。

以,人在最低层次上是感性的和动物性的;在中间层次上是理性的和精神意志的;在最高层次上是有灵性的或与神相通的。而且,我们"从根本上说来"是由最高的与神的统一"支持着的"(b56-58)。用哲学的话来讲就是,人从存在论上讲(ontologically,本体论地)是属灵的。

这里有几点值得注意。首先,从根本上说来,人类存在者并非只能从低处(感性领域)向上攀登,最后迎接到神或与神相遇。相反,他们已经"挂在"了神之中。因此,这起头的统一恰是最高的统一。每个人都可能迎接到神的来临。在这一点上,所有的人都是共同的(common, ghemeyne)。人类就生存于这种与神的自然的相遇(natural meeting)之中。用更文学的笔法来表达就是:人类生存于迎接神的生命潮汐之中。在这个意义上,我们已经处在神的恩惠里。我们之所以能在所有三个层次上以各种方式迎接神,就是因为它们都倒悬于最高的统一里边。只是在较低的两个层次上,这迎神或与神相遇要通过形象、概念和意志的中介,而在最高层,就有可能去直接和无形象地迎神。一般说来,人类被其较低的功能世界束缚着。这样,基督就似乎总是从上而下、自内向外地俯就我们,而我们则是自下而上、自外而内地迎接他的到来(b1390-1392)。

在这一重要问题上,可以看出吕斯布鲁克与那些只意识到人与神的根本差异的神学家们的区别。按照后者,人与神的充分再统一只发生在最后审判时的信仰者那里,根本不可能有此生的、特别是当下直接的与基督的统一或合一。吕斯布鲁克从不否认、反而在方法上强调了人与神的区别,但仍然坚持认为这种统一对每个人都是可能的。他同意明谷的贝尔纳的看法,主张除了道成肉身和最后审判,还有基督的第三种来临,即可能在任何时间、地点和信仰者心灵中的来临(a157-159)。同理,非基督徒与基督徒一样,可以凭借其自然本性而超出理智和意志的层次,达到安宁(rest)。不过,除了意识到这种自然式的沉思中包含的非基督教危险之外,吕斯布鲁克还认为,通过这种方式达到的安宁不是终极的和最高的。只有在人纯一地看到(one-fold seeing)基督的来临或处于对基督来临的倾心之爱中时,沉思才能达到最高境界,人才能获得充分的自由。所以,吕斯布鲁克讲的四步结构中的头三步,即"看,/新郎(即基督)来了!/出去",是获致第四步、也就是真实沉思的必要前提。毕竟,按照吕斯布鲁克,人在最终的意义上是悬于与神的统一之中,而非自然之中。以这种方式,吕斯布鲁克在基督教里为神秘体验建立起正统的地位。如果每个人都在某种意义上可能有这种体验,那么一位谦卑的基督徒表现出它来也就无以为奇了。更何况,真正基督徒的沉思具有自己的独特标志,即在爱中看到基督的来临,并因此而能达到一个异端的沉思无法企及的"超本质"的层次(c20,c103)。

2. 在爱中迎神

吕斯布鲁克对于人类本性的看法开启了个人直接迎接神、际遇神的一条道路。在这条路上,信仰者不仅能够期待在道德和末世论的意义上得拯救,而且还可能在体验中与基督直接相遇,其中充溢着欢喜、启示、安慰和至味。所以,它一方面以其直接性不同于一般的基督教经验,另一方面又以其基督信仰而不同于非基督教的经验,包括在梦幻和艺术中的出神体验。对于吕斯布鲁克,这至高至极的迎神是"无公度的、不可把捉的、不可及的、不可测度的"(a847-848),因为"那时神的光明如此强烈地闪耀着,以至于理性和所有的理智能力都无法继续前行,而必会在神的不可思议之光明面前受苦和顺从"(b1305-1307)。这也就意味着,要在最终的、涉及我们存在本性的意义上迎接神,信仰者就必须摆脱掉一切隔膜的形象(b25),超出一切多重性和理智(b850,b1274),放弃自己(b658),而"永驻于安宁"(b1709)。然而,我们已知道,一位基督教的神秘体验论者不可能抛弃一切形象(image)、理性的指导和对基督的辨认及与基督的个人关系。按照基督教的基本学说,人是按上帝或神的形象而造(b1422以下)。他应该尽力在恩典和美德中去与神相似(b1450)。而且,获得安宁者并不一定是基督徒,因为善人[即真正的基督徒]与恶人都以各种方式追求安宁(b1978-1981);并且,"当一个人是赤裸的,[因]其感官没有被形象侵扰,是虚空的,[因]其更高官能没有被行动占据,那么他[她]就能仅仅凭借其本性而拥有这种安止"(b1979-1981)。这样,基督教的神秘体验论者就面临两难的要求:既要去象,又要追随某种象,也就是圣子基督之象。而且还有进一步的困难。当这信仰者说他或她抛弃一切隔膜之象而只保留神或神子之象时,会面对这样一个问题:你如何知道你的神象是真的而不是伪的?为了摆脱这样的困境,基督教神秘体验论者选择了**爱**这条迎神之路,也就是对于兼具神与人两重性的基督的个人之爱。基督教似乎从一开始就不缺少"爱你的主"这样的要求。但以如此直接的、个人的、行吟诗人般的、生动的,甚至是带有感性色彩地去爱神与基督却要归于明谷的贝尔纳、圣蒂尔里的威廉（William of St. Thierry）、哈德薇希和吕斯布鲁克。这种爱满足了基督教神秘体验探讨的需要。无须扫去一切象,这爱的体验超出了多重性;不必抛弃一切行为,它进入永恒的安宁。

《精神的婚恋》这本书的书名和新郎新娘的比喻清楚地提示出这条在爱的、而且是婚恋之爱中迎神的道路。它首先是"一种感性的深情,它弥漫在人的心灵和欲望的功能中是一种对于神和包含一切善的永恒之善的饥渴的、充溢着味道的（savoring）欲望"（b228-232）。那些具有这种爱或受其"伤害"（wounded）者（类似古希腊人讲的中了爱神之箭者）一定会像世间的痴情人（devoted lover）那样经历苦与乐,只是更深更强,最终成为一"爱的沉思者"（love contemplative, c66）。在其神秘体验的顶端,他"仍然是一爱者",因为通过这可欣享之爱,他超出自己的被创造性,找到并品味着神本身的丰富与至福（c174-175）。然而,艾克斯特尔在其著作《低地国家的精神性》中讲:"我们切切不要被《精神婚恋的盛装》的名字所欺骗,也不要被从《圣经》中所引的那句起到骨架作用的话所欺骗。尽管这本吕斯布鲁克的最出色著作从表面上看具有一婚恋的'起头'或'安排',他的精神离奥古斯丁远比离贝尔纳近。"[1]尽管我们必须承认这判断里有一部分是对的,即吕斯布鲁克与贝尔纳有所不同,但我们将会看到,这婚恋的"安排"对于吕斯布鲁克并不仅仅是表达"所有超自然之爱的形而上学基础"[2]的

---

[1] S.艾克斯特尔（S. Axters）:《低地国家的精神性》（*The Spirituality of the Old Low Countries*）(trans. by D. Attwater, London: Blackfriars, 1954),第39页。

[2] 同上。

"一副骨架"。吕斯布鲁克所说的比那要微妙得多。对于他,"没有爱的工作,我们就不能欣赏和得到神"(b1925-1926)。

我们可以在《精神的婚恋》中所谈的爱那里找到一些重要特点,它们与人间的痴情之爱相似,却极不同于形而上学的进路。首先,按照吕斯布鲁克,这爱是一种完全的"投入"或"陷入",既盲目又感性。"它是盲目的,要欣享欢乐的;而欣享欢乐更多地处于品尝和感受中,而不是理解中"(b1311-1312)。因此,也就是第二点,这爱是一种"燃烧的爱"(b1258)并"是一种渴望的、充溢着味道的欲望"(b231)。第三,这爱经历许多苦乐。在这爱的暴风雨(b491)之中,任何概念的步骤都维持不住,也不能平息或减弱这爱的火焰。爱者被一种可称作是"爱的逻辑或逻各斯"①所折磨,因为这爱以无数方式来阻止爱者赢得他或她所爱者。比如,爱要"俘虏"爱者,将他或她置于奴隶般的地位,使其胆怯、古怪、不一致、可怜、神经质,甚至显得可笑。"精神的沉醉在一个人那里产生了许多奇怪的行为"(b340-341)。但同时,这爱在一个黑暗的背景中照亮了、突现出被爱者。"人既不能得到也不能放弃神"(b440-441),而是在"永恒的、永不能被满足的饥饿"(b1314)之中受折磨。出自精神的饥饿和欲望,"这贪吃的精神总是想象,它正在吃掉和吞掉神;反过来,由于与神的接触,它也不断地被[神]吞食"(b1366-1368)。应该说,这是真真实实的、有血有肉的爱,

---

① 哈德薇希在她的"诗篇第40首"第7节中说:爱(minne)是"一种无人能真正解释的游戏"。引自《荷兰语世界中的女作家文选》,第20页。在这个语境中,我们可以将这里所讲的"爱的逻各斯"看作是爱的游戏中包含的不可被直接表达的"规则"和"语法"(在后期维特根斯坦所赋予的意义上)。

而不只是一副爱的骨架。没有这爱,《精神的婚恋》整部书就会无魂无味。

对于一个基督徒而言,采取爱这条道路有数种含义。最重要的是,他或她因此而得到了一个宗教追求中使意义发生和得到维持的机制,并在内心深处由它引导。虽然这爱是"盲目的",但它有自己获得意义的方式,也就是维持这爱火的方式。这就是本文所讲的"爱的逻各斯"。它从本性上是一条开启和维持的而不仅仅是在某些现成的可能性中加以选择的道路。以精神之手捧着这团火焰,当事人就卷入了一个与使用自己的概念理性十分不同的形势。概念理性涉入的形势从根本上讲是散漫的和以自我为中心的,但爱火的燃烧有自己的内在要求,而且必须不断地去维持这火。因此,他或她直觉地感受到这火的变化,并因此而去做这燃烧所要求的事情。他或她必须以急如星火和自发反应的方式去跟从这燃烧,不然这火就会减弱和熄灭。受此火的驱动,他或她只能从自身走"出来",投入一个发生着的过程。"这就是为什么在理智止步之处,爱情还要继续前行的原因"(b1313)。这爱有它自己的生命和生存方向。尽管心和灵魂感受到它,但这爱却不受心灵的控制。它乃是灵魂与神之间的触发点和消融点。在这爱中,人感到"不可思议的丰富和卓越"(b932),总是迎接到、遭遇到新的东西。

出于同样的原因,爱将爱者与被爱者分离开来。这爱需要距离来促成一个真实的"迎接"。爱者绝不能将被爱者作为某种对象来把握,而他或她自己也绝不能是一主体。他或她反要被置于"被遗弃"(b671)、悲哀和孤独的状态之中,以便去掉一切自然的和外在的迎接方式。这爱是一个势必穿透和转化这爱者灵魂的纯意发生。这就是真爱、特别是对神的爱与依附于可被对象化的被爱者的"爱"的区别。

　　成为一个爱者就意味着处身于压倒一切的爱之风暴中。正是这风暴本身而非在此风暴中的人主宰着整个局面。在这"永恒饥饿者"的爱之体验中,总有"深渊"、不可预期的事件或戏剧性的转变,也没有一个现实中的完满结局的保证。比如,吕斯布鲁克讲到这爱者可能"死于爱"(b526)。这也是神秘的爱神体验与黑格尔讲的辩证过程的区别。这爱的体验是无底可言的、无"绝对"保证的经验,因此爱者要准备遭遇到各种事情,从"多种瘟疫疾病"(b605)、"赤贫"(b595)、"误解"、"被所有人轻蔑和拒绝"、"被人怀疑",到"被神遗弃"(b637)。所以,"神流溢出一切,却总不会被盛纳住"(b1322 – 1323)。

　　任何要追寻终极的宗教都面临永恒的挑战或两难,因为一方面终极不可能被作为直接目标去追寻;另一方面,没有动心忍性、百折不回的追寻,就绝不可能有重大宗教意义地揭示终极实在。吕斯布鲁克和哈德薇希所讲的爱提供了一条走出这种两难的道路,因为在这种爱之中,在被追求者消失了的情况下,这追寻依然,甚或更加充满生机。这要归因于爱的自生力或爱的逻各斯;由于它,"凄凉被酿成了永恒的酒"(b649),而所有要留住这爱的甜蜜的努力也定会让它变味。事实上,执着于神恩或视神恩和拯救的许诺为现成的东西是最顽固地阻碍一个信仰者"出去"去"迎接"神的因素。在那种情况下,他或她就失去了自己信仰的"活的源泉"(b839),而只在一种"赤裸的知识和对自己的感觉"之中。信仰者的心智、意志绝超不过一个最终的界限,即在他与神之间的那道永恒的帘幕,它被神秘体验论者们描写为"深夜""冬天""黑暗""深渊"和"虚无"。要穿过它,这信仰者必须成为依恋神的孩子、热恋基督的情人,而不是一位硬梆梆、干巴巴的信仰者。换句话说,他或她不能只依靠仪礼、学说、许诺、甚至德行,因这后者也只包含一种有条件的爱("我爱神,因为神能赐我……");所能凭借者只能是在神秘体验中燃烧着的无条件之爱,绝不亚于中世纪的骑士之爱和行吟诗人歌唱的浪漫之爱。这些有自己的生命或意义机制的爱能够不靠被爱者给予的回报而燃烧,因为这爱能够使一个人对于"所有痛苦和被遗弃产生出内心的欢喜"(b622 - 623)。因此,就出现了这样的可能:爱者追寻着其爱而不执着于所追寻的目标。只有在这种情况下,他才能不在乎是在地狱还是在天堂(b620 - 621),并因此而击破其信仰中最坚硬的阻塞,即视自己的拯救或与神的最终相遇为一可描述目标的态度。他的信仰因此而成为活生生的,因为"神要我们按他的高贵性来爱他,但所有的精神都做不到这一点。因此这些精神的爱就成为无样式、无方式的了"(b993 - 994)。"此处没有任何受造者,只有神自身的运作;它出自自由的善意,是我们所有的德行和幸福的原因"(b1271 - 1273)。

在与神的直接相遇中,这爱者自动地具有各种美德,因为"爱本身"是"所有德行的源头和根基"(b1359)。例如,一位真正的爱者服从爱的逻各斯的要求,就必是谦卑的。爱无法在傲慢中生存,因这傲慢会阻碍真正的相遇。爱者总感到其本身的局限或与其被爱者的差距。这不是被动的、相对的局限,而是在那里有源泉涌出的深渊。它使得这爱者能够在生存的含义上从自我的封闭中"出来"。因此,他或她越是谦卑,这爱的火焰就燃烧得越是旺盛和明亮。重要的是,这爱者并不需要说服自己、束缚自己而做到谦卑;爱本身就使得他或她谦卑。出于同样的道理,这爱者从根本上就是能忍耐的、柔顺的、善良的、富于同情心的、慷慨的、纯洁的、公正的,等等(a427 – 712)。

3. 在永远更新着的爱中获得平衡

吕斯布鲁克在神秘体验传统中的独特地位被认为是他的思想所具有的一种平衡感。他甚至要以行动的和共同的生活来平衡沉思的生活。凡尔代恩说:"在精神的历史上,吕斯布鲁克是第一个有意识地使沉思生活的意义相对化的人。"① 这种看法很有道理,但问题在于如何准确地理解这种平衡感。很明显,平衡意味着维持两极或两个方面之间。一般说来,吕斯布鲁克的平衡感表现在:相对于特定的沉思生活,他强调共同的、普通的(common,ghemeyne)生活的重要;相对于安宁,他要讲行动;相对于与神合一,他说到人性;相对于精神的沉醉,他讲开启的理性(b1003),等等。莫玛子甚至言及吕斯布鲁克著作中的一些句子所具有的平衡结构:"他的句子经常由两个语法上相似但语义上相反的部分组成,有时还伴有发音的相似。"② 例如:

当他安止于欣享时,就全在真神中(daer hi ghebrukeli-

---

① 凡尔代恩:《吕斯布鲁克和他的神秘体验论》(*Ruusbroec and His Mysticism*),第 115 页。又见此书的"结论"部分。
② 莫玛子和布拉格特:《佛教与基督教的神秘体验论》(*Mysticism Buddhist and Christian*),第 142 页。

jcke rart);

当他爱恋于劳作时,就全在自身里(daer hi werckelijcke mint)。

当这精神在爱中燃烧,它就发现了区别和他者

(Daer die gheest berent in minnen...),

当它被烧尽,它就是单纯的和无别的

(Maer daer hi verberent...)。①

对于莫玛子,"这种风格突出特异,迫使读者去关注它。只有通过吕斯布鲁克的风格才能理解他思想的内容。当我们研究他对于神秘体验意识的描述时,最好将这一点牢记在心"②。

尽管如此,这平衡感却没有超越爱的体验,反倒是被理解为这爱所要求的,如果它足够原发的话。在深刻的意义上,爱根本不需要被外在于它的东西平衡,而是会引出这种平衡。所以,我们最好将吕斯布鲁克的独特之处看作是在爱的体验之中的平衡。这爱就包含了两极,并在它们的原发相遇中实现出自己。爱与一般理性的不同并不在于它是反理性的,而在于其原发性(b996)。由于这原发本性,它能拥有对立的两元,并让它们相交相即。

我们在上面已看到,爱的体验并不总是出神狂喜的,而是注定要"失败""凄凉"和"被神遗弃"。在这种可悲的状态中,如果对神的爱依然不泯,它就必取得一新的形式。"以前这个人在爱火中通

---

① 莫玛子和布拉格特:《佛教与基督教的神秘体验论》(Mysticism Buddhist and Christian),第142页。

② 同上书,第144页。

过强烈欲望来实践的所有内外德行,现在,只要他[她]知道它们并且能够实现它们,他[她]就要通过若干和善心来实践它们,并把它们奉献给神"(b641-644)。因此,他或她"从起点处再次起头"(b996),无法执着于在个人沉思中建立起的与神的特殊关系,而是要以劳作和善心将自己开放给世间的所有人。他或她的爱必须是"共同的"或"普通的",不然不能成为对神的爱。所以,"这个人应该带着涤切的同情和慷慨的慈悲到罪人们那里去,……富于共同普通的爱"(b1016-1017,b1024)。他或她必须以基督为榜样,"他过去和现在都是最共通的,而且将永远如此"(b1090)。"他的灵魂和身体,他的生死与奉献过去是、现在也还是共同普通的"(b1101-1102)。事实上,吕斯布鲁克视这种共通的爱或爱的"共通样式"为"高于一切其它样式的"(b1088)和"最崇高的"(b1089)。其理由之一就是:在人与神的个人关系和人被遗弃的状态之中,要成为共通的,就势必更彻底地摆脱掉我们的自然性。"我们的自然性"中有一种沉滞于可把握者和可享受者的倾向。我们太狭隘、太渺小,以至理解不了基督(b1835-1836)。这种自然倾向定会减弱我们与神相遇的真实性和崇高性。因此,对于一个沉思的和倾向于隐居独处的神秘体验者,这爱的逻各斯就要求他或她去实现一个转向,即转而成为共同的、平常普通的、对一切人开放的,以加强爱的饥渴,化去爱的特定样式,从而保证这迎接或相遇的纯真。不然的话,"我们的自然性或自我性就会占上风,而不是处于永恒的失败之中"(b1318),并因此而失去爱的灵魂。

同理,爱本身就既需要行为,也需要安宁,以成为真正的爱。作为一团精神之火,这爱从根本就行动着的并是动态的。但是,如果这行动只意味着施于对象的行为而不是消融掉人的执着僵死的行为,它就会失去(神秘体验中的)"酒"(b199)、"甜蜜"(b528)和"泉源"(b1263)。只有当人能够在与神的关系中找到"安宁",他才在爱里边。"无爱之人,无安止;无安止之人,无爱"(b1712-1713)。所以,"爱越是崇高,就越能安止;越能安止,就爱得越内在"(b1711-1712)。"精神在这里通过爱的能力而上升,超出行为,进入到此触动的活水脉从中涌出的统一里"(b1285-1287)。然而,如果这安止被认为是"一种没有(任何)内外实践的虚空中的静坐"(b1987-1988),它就是一种"自然的安止"(b1997)。它不促成迎接或相遇,反倒败坏之。这样的神秘体验者就被圈在他自己里边,不能在事先无法确定的时刻"出来"去"迎接"新郎。吕斯布鲁克写道:

> 那些最单纯的人也是最安静的和在其自身中最完全平和的人,他[她]们最深彻地沉浸而入神中,在理解力里被最充分地照亮,在善行中最多重,在溢流着的爱里最共通。(b1767-1771)

在《精神的婚恋》中,我们可以辨别出关于"行为"的两种含义。当吕斯布鲁克谈及"超出所有德行"(b733)或"超出这些行为"(b1986)而"安止于神中"时,这些德行就是指"被造者的行为"(b1444-1445),通过它们我们只能"间接地"(b1459)迎遇到神。作为其他两种生活——内在的渴念生活和沉思神的超自然本性的生活——的准备阶段的"行为的生活"(b42)中的行为也具有这种含义。但吕斯布鲁克的思想方式绝不是直线的、僵硬等级制式的，而总会旋转回来并且"总要求一种回流"（b986－987）。对于他来讲，"这流出和回流引得爱泉溢流不已"（b1351－1352）。因此，这看起来谦卑的"行为"还有一种崇高的含义，即在"永恒的行为"（b1721）和"永恒的饥渴"（b1843）之中表现出的原发含义；而这种意义上的行为存在于神秘体验的最高阶段和神性之中。

> 每个爱者都是与神合一并在安止中，又是与神相象而在爱的行动中。……安止住在单一性中，而行动则住在三位性中。（b1718－1723）

因此，形成神秘生活三重样式的神性中的三位一体从本性上就是行动着的、原发的，并因而在最纯粹的基督教含义上表现"爱着的迎接"（38，c182－183）：

> 这充满至福的相遇或迎接，照着神的样式在我们里面主动地、不停地更新着，因为这圣父和圣子在永恒的（相互）满足和爱意拥抱中将自身给予对方。这［相互给予］被在每一时刻、在爱的联系中更新，因为正如圣父不断地在他儿子的出生中重新注视所有事物，所有事物也在圣灵的涌出中被圣父和圣子重新爱恋。这是圣父与圣子之间的主动相遇，在其中我们通过圣灵在永恒之爱里被充满爱意地拥抱。（c199－206）

这种阐述清楚地表明了吕斯布鲁克的一个敏锐洞察，即在终极实在中没有任何可执着、可实体化的东西。现在我们能够更好地理解为什么爱对于这些基督教神秘体验论者是如此关键。在人类的各种经验中,爱是最动态的、境域发生的、需要不断更新的,并且同时是最忠诚、最能自身维持和富于成果的。

> 这里只有永恒的沉思,只有在光明中、通过光明的对光明的凝视。这新郎的来临是如此之快,以至于他总已经来临着并且(正)携持着深不可测的丰富性居留着,而且(他)还正在以位格的方式不断地重新来临着,带着全新的光辉,仿佛他以前一直没有来过似地。这是因为,他的来临存在于一种无时间的永恒的现在里,总是被[沉思者]带着新的欲望和在新的欢乐中接受。(c80-86)

实际上,吕斯布鲁克的平衡感就来自他对于这不断更新的永恒现在的洞察,而不必与其它外在的考虑有什么重要关联。他需要这两极之间的总被更新的关系而不是任何实体来使得这迎神出现,"因为神是那潮汐涨落的大海,涌动不息"(b987)。简言之,这是一条引发着的而非被动折衷中的中道。人与神就在这燃烧着的中间,也就是一切激流的源头处相迎相遇。

四、结语

基督教神秘体验论的纯思想含义迄今还很少受人注意。宗教改革、启蒙运动之后,此潮流在基督教内衰退。路德新教中几乎没有或很少有它的地位。提到神秘体验论，一般总将它与民间迷信、邪门歪道或至少是完全的反理性倾向混淆起来。现在介绍中世纪思想的文字，就是提及贝尔纳、圣维克多·里查德、艾克哈特等，也只介绍其理论性的学说，几乎都不关注他们在爱的神秘体验论方面的主张和精神朝向，更不考察这"爱"的确切含义及其在宗教思想、哲学思想中的意义。这种情况不利于我们完整地了解基督教的精神世界和思想世界，也不利于对与之相关的许多领域，比如西方哲学史和现代西方哲学的深入了解。实际上，中世纪基督教的爱情神秘体验论的出现有它内在的思想动机（反概念神学，但又不放弃一种纯意识体验的、"现象学式的"精神追求）、重大的思想成就（艾克哈特的《讲道与论文集》只是其中一例）和深远的影响。而且，由于它较少依赖教条的和观念上的学说，而注重从人的直接体验中获致气象万千的意义境界，因而对于未来人类思想和精神的潮流可能会有某种影响。

　　了解它能帮助我们从更多的，甚至是更真切的角度来理解近现代的西方哲学。比如，一些开创型的唯理主义大师似乎也与神秘体验论有一定的关联。笛卡尔的"沉思"意在抛开一切教条和观念的前提，而找到思想最原发明白的起点，就带有神秘体验论的风格，而大不同于经院神学。"我思故我在"的命题除了其概念理性的一面，也有它"现象学体验论"的一面。① 斯宾诺莎叛出犹太教门，终生自甘贫贱，就是为了"探究究竟有没有一种东西，一经发现

---

① 参见莫玛子："关于'我'的问题"("The Problem of the *I*")，*Bijdrage* 56 (1995)，第 257 – 285 页。

和获得之后,我就可以永远享有连续的、无上的快乐。"①他发现在感性观念知识和理性概念知识之上还有第三种"直观知识"或"真观念"。人越有此直观知识,则"越爱神",②但"凡爱神的人决不能指望神回爱他"。③ 由此可见,斯宾诺莎的精神和思想的追求中的两个倾向:(1)达到直观的、"爱神的"、伴有"无上"幸福感的、合灵性与理性为一的体验;(2)唯理主义的表述方式及泛神论的倾向("神"对于他是非人格的,因而说不上"神爱人")。而我们已经看到,基督教的、包括吕斯布鲁克的爱的神秘体验论总有被正统神学家指责为"泛神论"的可能,而它也因此总在力图通过批评更激进的神秘体验潮流去"划清界限"。

至于中世纪的神秘体验论对于现代西方哲学的影响,更是明显。"现象学转向"之后的欧陆哲学及神学已潜在地具有认真看待神秘体验论的可能。海德格尔受到过艾克哈特的有力影响。他在其关于邓·司各脱的教职论文(1915年)的末尾主张理性主义哲学与中世纪的神秘体验论的结合。这两者在他那里的合流和现象学化形成了他的存在论意义上的现象学-解释学的独特思想方式和表达方式,对其后的哲学、后现代潮流和二十世纪神学产生了重大影响。

至于神秘体验论与东方思想的关系,更是一个有趣的课题。不考虑其神秘体验的维度,基督教与东方(印度、中国、日本)的精

---

① 斯宾诺莎:《知性改进论》,贺麟译,商务印书馆1996年版,导言第一条。
② 斯宾诺莎:《伦理学》,贺麟译,商务印书馆1981年版,第五部分,命题15。
③ 同上书,第五部分,命题19。

神追求相距之远,足以阻断任何实质的交流。但读到吕斯布鲁克、哈德薇希、艾克哈特的东方人会产生读安瑟伦、托马斯·阿奎那时不会出现的亲近感,尽管仍然有相当的差距。东方充溢着广义上的"神秘体验论",但似乎缺少这种"爱的"神秘体验。中国古人讲的阴阳相合、婆罗门教－印度教和佛教密宗中的一些讲法和修行法、道教的房中术,都有借用两性之爱而修正果的意向,但与中世纪基督教的受到当时宫廷中骑士之爱风气影响的爱情神秘体验大有不同。孔门讲的"好德如好色""君子之道,造端乎夫妇,及其至也,察乎天地"(《中庸》),与之倒有几分相似。性爱与精神之爱在宗教中的作用与相互关系,是个令西方人感兴趣的题目。在这方面,M.舍勒(M. Scheler, 1874－1928)的现象学探索与弗洛伊德的研究方式很不一样,值得注意。

爱的神秘体验论的精神意向在于,既追求终极的信仰,又不甘于只做一个观念、道德、意志和教派意义上的信仰者,而要在最动人的爱情中直接与神相交流相沟通,活生生地品尝到信仰神本身的至味。换句话说,这种神秘体验者追求的不是信仰的力量、靠山、稳妥和平安,而是信仰本身充满汹涌爱潮的生存境界。它是基督教这棵古树上开出过的最绚丽纯真、最香气袭人的精神花朵。这可不是后现代潮流追求的"精神快餐",或靠吸毒达到的片刻销魂。它是在那禁欲的悠长岁月里,在虔诚的孤灯暗影下,在回漾着祈祷和吟唱的教堂中,多少代人以全部生命和爱情浇灌出的精神之花,酿出的令人"长醉不醒"的神秘体验之"酒"。它是我们这个时代风气的反面,让我们在其中依稀看到近现代西方和受其影响的近现代人类得到了些什么,又失去了些什么。

附录二 吕斯布鲁克神秘体验论中的时间意识

——永恒之物还是时间性之物?①

在吕斯布鲁克《精神的婚恋》的最后一部分——它描述了一个基督教神秘体验者的沉思生活或最高生活——中,作者写道:

他的[新郎的]来临存在于一种无时间的永恒的现在里(c85)。②

---

① 本文初稿写作的完成,得益于笔者在2011年春季于安特卫普大学所进行的一项由UCSIA和吕斯布鲁克研究中心支持的研究。我尤其要感谢巴赫教授:感谢他对我阅读吕斯布鲁克《精神的婚恋》这一文本以及在本文英文表达上所给予的耐心、严格的指导。此外,还要感谢此文的翻译者朱刚的出色工作。——作者(以下凡不特别注明者,皆是此文的原注)

在中国大陆学界,"mysticism"一般译作"神秘主义"。这里接受此文作者张祥龙的意见(具体表述见其书《从现象学到孔夫子》中"吕斯布鲁克及其《精神的婚恋》中的'迎接'的含义"一章的注释2),译作"神秘体验论"。所以,"mystic"也就不再译作"神秘主义者",而是"神秘体验者"。——译者

② 约翰·凡·吕斯布鲁克(Jan van Ruusbroec):《精神的婚恋》(*The Spiritual Espousals*)(trans. by H. Rolfson, O. S. F., ed. Dr. J. Alaerts, intro. Dr. P. Mommaers, directed Dr. G. de Baere, *Opera Omnia* 3: *Die geestelike brulocht*, Tielt: Lannoo, 1988)。括号中的数字是行数,"c"表示C部分。

包含这一不完整引文的那一段文字是:"这新郎的来临是如此之快,以至于他总已经来临着并且(正)携持着深不可测的丰富性居留着,而且(他)还正在以位格的方式不

这句引文中的"无时间的"确切含义是什么？是无论什么时间都没有？还是说，这里被否定的"时间"只属于一种特定的时间，而新郎基督的来临仍有一种时间的意义？

我们在各种各样的情形下否定时间的存在。比如我们说：2+2=4 的有效性是无时间的；"我现在正在思考和写作"这一陈述的真值是无可置疑的；我正在看到一棵苹果树（的表象）这一点是自明的；我将永远怀念我离世的父母，等等。在这些情形中，拒绝时间限制具有不同的方式和内涵。上述吕斯布鲁克的例子对于时间的否定也有自己的特点。例如，"永恒的现在"的无时间性，并不同于 2+2=4 或"我现在正在思考和写作"的无时间性。

为了弄清楚吕斯布鲁克对于时间的看法，本文将首先从一种现象学的时间观出发澄清"时间"对于吕斯布鲁克而言的意义，然后将论证时间性在他的神秘体验中——甚至在其最高阶段上——的存在。论证将主要通过探讨统一性与多样性的关系、爱与记忆的角色以及《精神的婚恋》中涉及的家庭关系来进行。

一、吕斯布鲁克断言无时间性的理由

为什么在吕斯布鲁克看来新郎的来临是没有时间的？一个明

断重新来临着，带着全新的光辉，仿佛他以前一直没有来过似地。这是因为，他的来临存在于一种无时间的永恒的现在（eenen eewighen nu, dat altoes；an eternal now, without time）里，总是被［沉思者］带着新的欲望和在新的欢乐中接受。"(c81-c86)（译文中凡来自《精神的婚恋》的引文的中译，皆直接取自张祥龙先生的《精神的婚恋》未刊中译稿。——译者）

显的理由是，此来临意味着人性与神的一种完全的重新结合，因此意味着取消我们与神的关系中的任何多样性和中介。时间的确包含着一种三重的多样性，因此无法满足要求。所以我们看到，《精神的婚恋》中所描述的神秘体验者的精神追求的螺旋进程，是向着与神的这样一种关系而上升的，它是统一的、一重的、简朴的、无中介的、无样式的并超出了多样性的。于是我们读到：

> 当器皿准备好了，崇高的酒浆就涌进去。没有任何器皿比充满爱意的灵魂更崇高，没有哪种饮料比神的恩惠更有益。因此，一个人应当将他的所有工作和所有生活都在简朴的向上意向中奉献给神，并且在意向、他自己和所有事物之上，安止于那种让神和爱的精神无中介地结合起来的崇高统一里（b87-92）。
>
> 这是神在灵魂中超越时间的隐秘内运作，打动了灵魂及其所有能力（a120-122）。

对于吕斯布鲁克来说，时间看起来就像是一个障碍，它不符合达到统一的前提条件，阻止自觉进入统一的努力。"此［本性的、本质的］统一超出了时间与空间"（b1431）。"就在这种黑暗深渊——在其中，那充满爱意的精神死于自身——里，开始了神的启示和永恒的生命"（c55-56）。

不过，神秘体验者必定生活在时间中甚至是在时间中与神相遇。"当他感觉自己（处）在这种［熊熊燃烧的］状态里**的时候**，他就能够沉思了"(c51－52)。① "什么是我们新郎的永恒来临呢？它是一种不断的新出生和新启明，因为使这光辉闪耀的基底，其实它也就是这光辉本身，是活着的和多产的"(c74－76)。问题是，吕斯布鲁克似乎是在把多维的时间转变为了一个单独的瞬间。他写道：

> ……[神圣三位一体的意象]是神的智慧，在其中神在一种没有"之前"和"以后"可言的永恒的现在中，沉思他本身以及所有的事物(c127－128)。

现在我们知道 c85 引文中"无时间的"确切含义了。其意思是说：**没有之前和以后**。是的，一个没有之前和以后的"现在"是去掉了多样性的，并因此不再是通常意义上的时间。它变成了"一个永恒的现在"。

但是，我们真的可以说这个永恒的现在对于吕斯布鲁克而言只包含了一个单独的维度而没有**任何多样性**吗？不。他毫不犹豫地拒绝了这种单纯的"虚空"或对于遇到神的那个瞬间的实质上单一的理解。他花了很长的篇幅(b1972－b2195)来批评那些偏离正途的神秘体验者，因为他们在一个单一的维度上追求神，这一维度表现为片面强调"安止"（"rest"）或没有本质的他异性、多样性的"虚空"。"因为据说他们是无意愿地活着，已经将他们的精神在安止和虚空中给予了神，他们也与神合一，而消灭了自己"(c2109－

---

① 引文中的强调符为本文作者所加。

2111)。

在仅安止于虚空的神秘体验者所缺乏的那些性质或多样性中间,一种**对于他者**(神、他人、其他的生命)的**充满渴望的爱**是最要紧的(b1973－1975,b2021－2023)。由于这个缘故,在这本书的结尾处或者最高峰,吕斯布鲁克写道:"那不拒绝祈求者的神圣之爱呵,请让我们在欣享中拥有这本质的统一,并在三位性中沉思这一体吧!阿门,阿门"(c224－226)。所以下述断言将是可靠的:在永恒的现在中必定有多重的维度,在这些维度中,对他者的爱是首要的。

作为一个瞬间,那包含着多重维度的永恒的现在应当是一种时间形式;尽管它因其从"之前和以后"中分离出来而必定是一种特殊类型的时间。在此,胡塞尔的时间观,尤其是它对客观时间与原本的内时间的区分,以及海德格尔的时间阐释,将有助于我们逼近难点——一种没有过去与未来的时间。

二、时间的含义:胡塞尔与海德格尔

很久以来,时间的含义一直困扰着哲学家们。奥古斯丁在他的《忏悔录》中悲叹过时间的这种不可理解性:"那么时间究竟是什么?没有人问我,我倒清楚,有人问我,我想说明,便茫然不解了"(XI.14)。[①] 我们并不能说没有时间,因为它的存在是实实在在

---

① 中译文引自奥古斯丁:《忏悔录》,周士良译,商务印书馆1963年第1版,第242页。——译者

的，并且实际上是我们自身生活的先决条件。不过，只要我们探究时间本身，我们就发现没有什么实体性的东西在那里。似乎，过去已经不存在，未来尚未存在，而当前，如果仔细考察，它无非是刚刚流逝（过去）与即刻来临（未来）的结合。何处可以发现时间存在本身？

胡塞尔努力让时间在现象学视域的"胶片"上显影或在其中展开。① 因此他首先区分了客观时间与现象学的时间；前者是可以被钟表测量的自然时间，后者是意识根基处的内时间。然而，现象学的时间也并不是通常观点中的主观时间，因为它是如此原本，以致它超出了我们主观意识，并因此而为人类所共享。它发生在意识中，但同时又作为我们意识的源头而起作用。

为了发现现象学的时间，首先应当进行一种还原：把超出我们广义上的时间经验的所有关于时间存在的假定都悬置起来（*PT* §1-2）。然后，通过直接或从内部观察我们的时间经验，比如感知一个像乐调这样的时间客体的经验，我们就开始看到活生生的内时间结构。初看之下，它是一个由原印象（primal impression）、滞留（retention，或译"保持"）和前摄（protention，或译"预持"）组成的三重结构（*PT* §16）。"滞留"是刚刚过去的原印象的自发的变异，它作为第一性的回忆起作用，与原印象和前摄一道构成一个活生生的现在视域（*PT* §14，§18）。"前摄"充当类似的角色，但是是作为第一性的期待而起作用的。

---

① 埃德蒙多·胡塞尔：《内时间意识现象学》（*On the Phenomenology of Consciousness of Internal Time*（1893 - 1917））（tr. J. B. Brough, Dordrecht/Boston/London: Kluwer, 1991）。下文用"*PT*"代替该书。

对一段逝去的声音的滞留具有一种直接性，它是活生生的当场呈现，并且是不可对象化的存在；因此，它不同于对声音的回忆（recollection）。我们既没有把滞留自身察觉为明确的意向行为，也没有把它所滞留者察觉为意向对象，因为它完全参与到（并且自失于）与时间的其它维度一道进行的对"现在"的构造之中。换言之，在我们的意识中，在滞留与原印象之间并没有清晰的界线，如果硬要划出这界线，它也只是观念的抽象造成的（PT §16）。相反，在回忆与原印象之间才有一条清晰的界线（PT §17）。在这个意义上，现在-经验的整个结构类似于一种时间的晕圈或边缘域（Zeithof）（PT §14），在其中，三维中的每一维都没有其独立的实存，而是**本质上**需要和补充其它二维，尽管在某些地方胡塞尔似乎强调了原印象的优先地位。

由于这种结构，时间意识就是一道永远流动的河流，因为在滞留与滞留（乃至前摄与前摄）之间也没有明确的界线（PT §14，§23，§25，§39）。时间的动态连续性来自于滞留与前摄的动态连续性。每一个时间经验都有两种意向行为：一种构成时间客体及其时间位置，另一种则由于"对滞留的滞留"（§39）而构成流动着的时间河流，后者使得回忆得以可能。

那么在哪些意义上，"现在"对于胡塞尔来说是"永恒的"或"无时间的"？其中之一依赖于现在-经验的不变的或持续的一面，即所谓"连续性"或"同时"（"Zugleich"）。胡塞尔写道：

我们此外还应当具有下列连续性：对现在的感知和对过去的回忆，而这整个连续性应当本身就是一个现在。事实上，在生活于对象意识之中的同时,我从现在点出发去回顾过去。另一方面,我可以将这整个对象意识理解为现在并且说:现在。我捕捉这个瞬间并且把这整个意识理解为一个聚合(Zusammen)、一个同时(Zugleich)(PT, appendix VI, p. 117)①。

对一个对象的现在-经验在其自身中包含着一种连续性,这种连续性覆盖着"对现在的感知和对[现在的]过去的记忆"。它使得我们可以把"这整个连续性本身"看作一个现在。我们的经验之中的这种连续性或同时的源泉,如上面所观察到的,乃在于滞留与前摄的这样一种特征之中:它们把现在构造为一个时间的晕圈,并抹去了滞留-前摄与原印象之间,以及滞留(前摄也如是)本身之间的明确界线。所以,连续性就并不限于对象意识,而且必定延伸到整个时间河流中。只要现在因了这连续着的同时而永不完全消失,它就是永恒的。

至于这种"同时"的最终起源,胡塞尔在写作《内时间意识现象学(1893-1917)》的过程中是犹豫不定的。在某些地方,他将之归于"绝对的主体性"(PT §36),后者可以被视为"绝对无时间的意识"(PT appendix VI, p. 117)。如果没有"绝对",他认为对起源的反思就会 in finfinitum (无穷地)(PT appendix VI, p. 119) 延续下去而没有肯定的答案。然而在另外一些地方,他又把"持存

---

① 胡塞尔:《内时间意识现象学》,倪梁康译,商务印书馆2009年版,第149页。译文稍有改动。——译者

者""河流的形式结构""河流的形式"等同于时间的晕圈结构本身。"这个[稳定的]形式在于：一个现在通过一个印象构造自身，而与这印象相联接的是一个由诸滞留组成的尾巴和一个由诸前摄组成的视域。"(*PT* appendix Ⅵ, p.118)① 所以他断言："这是一条唯一的意识流，在其中构造起声音的内在时间统一，并同期构造起这意识流本身的统一"(*PT* §39)。② 换言之，不需要有一个绝对无时间的主体性来保证时间河流的同时。这种同时可以在诸时间性的晕圈以及它们的"持续的迭复[Iterierung]"(*PT* appendix Ⅰ, p.106)中构成。由此可见，现在之永恒性的秘密至少暗中存在于活的现在本身之中。

海德格尔深受胡塞尔时间观的影响，但又至少在三方面有分歧。首先，他去除了原印象乃至"现在"在时间客体经验的三重结构中的中心地位。对于他来说，将来在产生时间的意识中要更原本。其次，绝对主体性的至高权力被取消了。实际的生活经验(die faktische Lebenserfahrung)被认为是一切实存者的最终源泉和存在本身。第三，时间客体经验的三重结构被更新为对事物的理解、牵挂(或译"操心")、向死的存在、先行的决断等等，如此一来，这一经验结构就成为了时间经验本身的三重结构，使人可以通过它而理解人性和存在本身的意义。换言之，胡塞尔在滞留与回忆、第一性的记忆与第二性的记忆之间所标画出的根本区分就被

---

① 胡塞尔：《内时间意识现象学》，第151页。——译者
② 同上书，第114页。中译本此处的译文和英译文稍有不同，但中译文更接近德文原文，故采用中译。——译者

模糊掉了。① 三重结构的时间晕圈被明确地扩展到了整个时间河流——时间性——之上,所有**操心**的人类经验(出于牵挂或操心[Sorge])都发生于时间性这个母体之中。

在《存在与时间》②中,他写道:"我们把如此这般作为曾在着的有所当前化的将来而统一起来的现象称作**时间性**。……**时间性绽露为本真的操心的意义**"(p.374)。③ 这段话指出一种"统一"或一种在时间性之三维中的相互依赖着的互补性,这种"统一"或"互补性"在胡塞尔的文本中是作为"连续性"或"同时"起作用的。尽管事实上或在海德格尔这里,"将来"以某种方式拥有一种优先地位,但是三个时间维度之间的关系还是更像胡塞尔话语中的滞留与原印象之间的关系而非回忆与原印象之间的关系。因此,海德格尔说:"**时间性是源始的、自在自为的'出离自身'本身。因而我们把上面描述的将来、曾在、当前等现象称作时间性的绽出**"(p.377)。④ 我们可以用胡塞尔的术语把这里的"**自在自为**"当作"**同时**",把"**出离自身**"当作"时间河流的流动"。它们在这里被融合进一种时间性之中。充满着神秘体验味道的"绽出",意味着一种正被去完成的(to(zu)-be-completed)和悬临着的根本性相遇,或如海德格尔所说,是那充满每一个本真瞬间的"源始的、自在自

---

① 德里达(J. Derrida)也试图削弱这个区分,比如在他的《声音与现象》中。但是他的意图是要把时间晕圈之外的回-忆(re-collection)而非滞留视作第一性的。

② M. Heidegger: *Being and Time*, trans. John Macquarrie & Edward Robinson, New York: Harper & Row, 1962.

③ 中译文参见马丁·海德格尔:《存在与时间》,陈嘉映、王庆节合译,熊伟校,陈嘉映修订,生活·读书·新知三联书店1999年版,第372页。——译者

④ 中译文参见中译本第375页。——译者

为的'出离自身'"。

三、吕斯布鲁克时间讨论中统一性（单纯性）与多样性的关系

根据这种现象学的时间观，《精神的婚恋》c128那一句中的"之前和以后"就应当被理解为我们现在-经验的活的时间晕圈（Zeithof）**之外**的过去和将来。所以，它们属于再生回忆起作用的地方，也属于胡塞尔理解中的客观时间。然而，时间晕圈并不是一个实心的、单维的瞬间，而是具有一个构成着内时间意识的三重结构。如上文表明的那样，这一结构与客观时间的结构和回忆时间的结构之区别就在于：这一结构中的三个维度的身份尽管可以以某种方式加以区别，但是却**永远不**能作为独立的环节相互分离。没有滞留，原印象根本就不能存在；对一个真正的而非抽象的现在的感知必定包含第一性的记忆或滞留。所以在某种意义上，"**第一性的记忆**就**是感知**"（*PT* §17）。

从这个角度看，吕斯布鲁克语境中的永恒的现在可以与现象学的时间晕圈相比拟，在此时间晕圈中，时间的自发创生、意义与存在（对于海德格尔而言），都是从三维绽出之统一造成的相遇中喷薄而出的。这一永恒的现在高于或不同于抽象的、客观的、主观的意义上的多样性，但是又以相互补充的方式包含着那些只为发生而存在的多样性。因为它的这种本质的创造性，所以"它是一种不断的新出生和新启明"（c74-75）；由于其三重结构的绽出的统一，所以神秘体验者的精神就可以"在快乐中离开它自身而沉浸下

去,流入到神也就是它的永恒安止处中(b1698-1699)……因为安止住在单一性中,而行动则住在三位性中"(b1722-1723)。然而,单一性与多样性相统一的首要样式,就是爱。

四、永恒现在中的爱

现在让我们看看爱在吕斯布鲁克时间观中的位置。简言之,在这本书中,它从头至尾都充当一种不可或缺的关键角色;在神秘体验者的精神朝圣历程中,它也担当着同样的角色。"这位新郎就是基督,人类本性就是新娘,神按照他自己的形象和样子造就了她"(a4-5)。在基督与我们的本性之间有一种爱的关系,它使我们与神的统一得以可能。所以《精神的婚恋》的第一句话恰恰是一句来自《马太福音》的引文:"看哪,新郎来了,出去迎接他"(《马太福音》25:6)。这本书三个主要部分中的任何一部分都是按照如下四步结构而成的:看哪,来了,出去并迎接他。爱在这里仅仅是个比喻吗?或者这句引文在这里仅仅是论述的框架?不,因为如果没有爱及其内在的结构,我们就无法恰当地理解这本书的每一部分,也无法把吕斯布鲁克心目中的真正神秘体验者与无动于衷地安止于虚空中的神秘体验者区分开来。实际上,爱是吕斯布鲁克神秘体验的灵魂。

爱是至少两者之间的关系,所以包含了多样性于自身之内;然而,它并不是一种离散的关系,而是相互补充的诸部分之间的关系。如果没有所爱者,真正的爱人就会丧失其生活的意义。爱人的唯一意图就是与其所爱者合而为一。所以这是一种本质上多样的统一体或多数的统一,它类似于上文讨论的永恒的现在或时间晕圈的结构,而不类似于那种冷静回忆的结构。从现象学的角度看,我们可以说,滞留、前摄与原印象的相互作用就是爱的功能。没有这样一种原本的爱,就没有人能够拥有时间意识以及所有随之而来的东西。它被视为一种植入我们本性中的、来自神的恩惠。"所有的人,无论是非基督徒还是犹太人,善的还是恶的,都拥有这种共通的恩惠。由于神对于所有人的共通之爱,……无论是谁,只要愿意皈依,就总能去皈依"(a65-69)。

吕斯布鲁克本人也意识到了爱与时间晕圈的联系并如是写道:"神与灵魂在爱中结合交汇之处,也就是神给予他那超越[客观]时间的恩惠之光处;而灵魂凭借这恩惠之力,在[活生生的、绽出的]一瞬间实现出了(它的)自由皈依;就在那里,博爱在灵魂中产生,既来自神,也来自灵魂,因为博爱就是神与充满爱意的灵魂之间的爱之联系"(a127-131)。"一瞬间"意味着时间太"短"了,无法在我们的意识中被分割成可由钟表测量的过去、现在和将来,但是由于其绽出的和创造性的结构,它产生出了那像一道闪光般的时间现象和意义。

长久以来哲学家们与神学家们一直把爱区分为eros(充满色情或激情的爱)、philia(友谊之爱)与agape(无偿之爱),并且只把最后一种爱归于神与人之间的爱。然而,正如保罗·莫玛子指出的那样,吕斯布鲁克"也是十二世纪精神气质的自愿的继承人",这一精神气质认为"人类之爱是一种单独的力量,它并不分为自然的或超自然的,……爱欲(Eros)和无偿之爱(agape)是一回事,并没有一者奇迹般地转化为另一者这样的问题。"①在我看来,有大量文本证据支持莫玛子的看法,根据他的分析,"他[吕斯布鲁克]好像也把欲望(begherte)与爱等同起来了。"②对于吕斯布鲁克来说,欲望(begherte)或许有似于海德格尔术语中的"本真的操心[牵挂]"(eigentliche Sorge),它是如此的重要,它的意义是如此地接近于爱,所以不仅它的缺乏是那些误入歧途的神秘体验者的标志(b1999),而且《精神的婚恋》这本书的整个第二部分(最长的一部分)也都是用于阐述"一种内在的、激昂的渴念(begheerlijcken)生活"(a43-44)。通过确定爱与欲望的同义性,我们就再次证实了下述观点:对于吕斯布鲁克来说,爱并不局限于一个比喻的角色或一种叙述方式,而是把自身呈现为一种活生生的、献身的、激烈的(b441)、燃烧着的(b437,b1258)、酩酊大醉的(b338)永恒饥饿(b1314),和穿透整个人类本性的饱受折磨的(b808,b1668)的深情。只要它是一种真正的爱,它就将燃烧自身并把灵魂高举向上。

爱与欲望,就像迷狂之于柏拉图那样,都具有一种理智所不具备的看见和迎接终极存在——这里指基督——的能力。"理智外在之处,渴望和热爱却入其内"(a855)。在此,"理智"可与胡塞尔术语中的"回忆"相比,而"热爱"或"渴望"则可与"时间晕圈"相比。

因此,爱并不是按部就班、循规蹈矩地进行,而是满怀赤诚、充满祈盼,一再重新开始。"爱总是从起点处再次起头,……因此所有的精神存在者不停地聚集起来,形成一团在爱中熊熊燃烧的火

---

① Paul Mommaers: *Jan van Ruusbroec: Mystical Union with God*, Leuven: Peeters, 2009, pp. 80-81.

② 同上书,第78页。

焰"（b996－1000）。

由于爱无法得到最终满足，它就始终在渴望中燃烧，它与神的统一就一直持续下去并且始终保持为本真。

> 看，这里出现了一种永恒的饥渴和不会被满足的热望，处在永恒的失败之中。……这触动越是经常，这饥饿和渴望就越强烈。这是爱在它的最高活动中的生活，超出理性和理解力（b1317－1318，b1333－1335）。

> 每个精神都从爱中极度受伤。这两个精神，也就是我们的和神的精神，相互闪现和照亮，每一个向另一个显示出它的面孔。这就使得每个精神充满爱意地持续渴望另一个。……这流出和回流引得爱泉溢流不已。于是神触和我们的爱欲融为一个单独的爱。一个人在这里被爱如此地占有，以至于他必定忘掉自己和神，除了爱之外什么也不知道（b1345－1348，b1351－1354）。

我们认为，这一"爱泉"是用来描述现象学视域中的时间晕圈结构的另一种方式，或基督教神秘体验的方式。"神的精神"就像是原印象，而"我们的精神"就像是滞留和前摄。它们"相互闪现和照亮，……充满爱意地持续渴望另一个。"在"充满爱意的晕圈"中，必定没有无论是客观意义上还是主观意义上的多样性，因为这个"晕圈"甚至熔化了神秘体验者与神的区分，但是那些绽出的区分（由神秘体验感情中的饥饿、痛苦所暗示的）仍得到保持，以致一种劳作不休的爱或时间的结构持续闪现。"我们把如此这般作为曾在

着的有所当前化的将来而统一起来的现象称作**时间性**。……**时间性绽露为本真的操心的意义**。"(前引)

于是,对于吕斯布鲁克来说,"永恒的现在"的一种意义——极有可能是首要的意义——就是爱(以及本真的欲望)或"爱泉"。它"还原掉"所有对于"之前和以后"的关心,使得爱人"被爱如此地占有,以至于他必定忘掉自己和神,除了爱之外什么也不知道。""因为在每个新的现在中,神在我们里边出生。出自这崇高的出生,圣灵带着所有他的赠品涌流着。现在我们应该凭借[人与神的]相像而迎接神的赠品,凭借统一而迎接这崇高的出生"(b1528 – 1530)。

五、爱中的记忆

吕斯布鲁克使用的中世纪荷兰语中的"爱"是"minne"。根据《中世纪荷兰语简明词典》,minne 的最初含义是"纪念、怀念、记忆"(memento, memory)。① 它的其它含义则与爱有关。莫玛子和杜顿(E. Dutton)在他们的书《哈德薇希》(*Hadewijch*)中也写道:

从词源学上看,minne 这个词与拉丁语的 memini(记忆)和 mens(精神)有关,与英语单词心灵(mind)也有关。因此,

---

① *Middelnederlandsch Handwoordenboek*, Bewerkt door J. Verdam, Martinus Nijhoff, 1932, p. 360.

这个词原本意味着另一个人——显然是 be-min-də（所爱者）——出现在一个人的意识里。这一心理学现象——内心被一个所爱的人占据或被其赢获——曾经是宫廷之爱（fin'amors）①的一个基本发现，这种爱曾在法国吟游歌者和行吟诗人的歌唱中获得其最初的文学表达。②

完全可以理解，minne 或爱首先包含一种记忆的意思，因为如果没有使所爱者持续地呈现在意识中的能力，就没有人能够爱，尤其是精神意义上的爱。你的爱有多深，你对所爱者的记忆就将持续多久。

如莫玛子在其《约翰·凡·吕斯布鲁克》中指出的，吕斯布鲁克对记忆的处理是意味深长的，这"显然受惠于奥古斯丁"。③ 这一做法把心灵和有意识的我自己等同于记忆。莫玛子引用奥古斯丁《忏悔录》(X.26) 的话说："伟大的是记忆的能力……一种具有深刻的无限多样性的能力……这就是心灵，这就是我自己（et hoc est animus et hoc ipse ego sum）。"④然而，吕斯布鲁克似乎更强调记忆能力的单纯性而非多样性。他说：

在此来临[这第二次来临与带有三道水流的爱泉相似，这三道水

---

① 英文 courtly love，或译"优雅之爱""典雅爱情"。——译者
② Paul Mommaers with Elisabeth Dutton: *Hadewijch: Writer-Beguine-Love Mystic*, foreword by Veerle Fraeters, Leuven: Peeters, 2004, p.4.
③ Paul Mommaers: *Jan van Ruusbroec*, p.76.
④ 同上。

流使记忆、理解和意愿得以可能]里,神使之流动起来的第一道恩惠水流是一种纯洁的单纯性,它无分别地在精神中闪耀。在这源泉里,此道水流始于精神的统一,直接下注和弥漫到灵魂的所有官能中,……于是这人的记忆就被提升,摆脱掉陌生观念的侵入和不稳定状态(b846-853)。

记忆"弥漫到灵魂的所有官能中",这样就把它们转化为单纯性。如果我们把这种记忆当作胡塞尔意义上的"第一性的记忆",那么单纯性就可以被比作时间晕圈。它包含着时间性之诸种绽出的相互作用,这些绽出是不可对象化的多样性,但是"摆脱掉[了]陌生观念的侵入"或"没有之前和以后"了。因此,时间经验的"连续性"或"同时"、时间河流以及第二性的记忆,就变得可能了。

如果记忆意味着第一性的记忆及其活动,那么它就不仅是"流"而且还是"在精神统一性中的泉"本身;因此,"凭借这流注到他里边的单纯之光,此人就出去并观察到和发现他自己(乃是被)置身于、稳定于、弥漫于、维持于他的精神统一或他的心灵统一里。于是这人就被高举到或放置到了一个新境界中:他转向内部,并超出一切感官印象的入侵和多样性,将他的记忆集中于赤裸的空白(bareness)上"(b855-860)。"将他的记忆集中于赤裸的空白上"的要旨是什么?答案应当是:被集中的记忆并不是一种关于某个之前已经存在或以后将会存在的事物的记忆,而是一种无对象的、单纯的记忆,它使得原印象**第一次**存在。但是人们的意识很容易就遗漏掉这个单纯的、赤裸地观看着的、自发的和原发的层次,而悄悄溜到隶属于再生回忆或观念处理的"感官印象"的层次。当单纯之光注入并且赤裸的(或第一性的)记忆再次被唤入或被展开在意识的"胶片"上，人就被从根本上更新并"被放置到了一个新境界中"。"他在这里拥有了自己精神的本质的乃至超自然的统一，以作为自己的住所和他永恒的(及)人格的自身继承"(b860 - 862)。这种本质的统一可以被理解为那种建立在第一性回忆和第一性期待之基础上的统一，而那种超自然的统一则可被理解为在那种由第一性记忆、期待和原印象组成的晕圈之中的**有意识的、单纯的意向性的**居住。借助渴望之爱，他进入晕圈之中；反过来，凭借晕圈，他可以无须费力且永无停息地去爱。"这[第三]股水流将意愿点燃如一团火焰，将一切东西吞噬和销熔为统一，并带着丰富的赠品和特别的高贵性溢出到灵魂的所有官能中，在意愿中产生出一种无须费力的奇妙精神之爱"(b957 - 960)。

我们没有直接的证据证明吕斯布鲁克曾明确地意识到记忆与爱之间的内在关联。但是他的一些表达暗示了这一点。比如，无论是第一道水流或被高举的－纯洁化的记忆还是第三道水流或被点燃的欲望意愿，都属于**同一个**"爱泉"(b839)。那么，为什么我们不能把第一道水流视为第三道水流的前提而把第三道水流视为向第一道水流的"回流"(b971 - 972)呢？

> 凭借第一道水流，即一种一重化[或单纯]的光明，记忆被高举到(任何)感官的侵入之上，在精神统一中得到建立。……而通过这吸入精神炽热的第三道水流，那更高的意愿被点燃于沉默的爱情之中，具有巨大的丰富性(b962，b967 - 968)。

意识中如果没有被高举的记忆，或者意识仅仅在第二性记忆所支撑的回忆中流动，那更高的意愿如何能被点燃？如果没有在沉默（意味着从执着于对象的追求中解放出来）之爱中被点燃的意愿之回流，记忆如何能被纯洁化、如何能被置于精神的统一中？"这恩惠的源泉总要求一个回流，回流到那引出涌流的同一个根源处"（b971-972）。一方面，由记忆在第一道水流中建立起来的"同一个[本质的和超自然的]统一""将具有朝向那个崇高统一的永恒之爱的倾向；在这崇高统一里，圣父和圣子在圣灵的联系中与所有的圣者们统一起来"（b864-865）；另一方面，"一个在爱的联系中成立的人应该一起居住在他精神的统一中"（b973-974）。借助这些例子，我们就在记忆与爱之间看到一种内在的联系，尤其是后者对于前者的依赖。

如上文反复提及的，那超出任何印象的入侵和客观多样性之上的被高举的记忆，在时间意识构造中起到关键作用。因而，我们可以再次得出结论：对于吕斯布鲁克来说，爱具有一种现象学时间所具有的动力性的、自发的结构。所以，**再现性的理解和理性在哪里止步，正呈现着的爱就在哪里继续前行**。吕斯布鲁克因此写道：

即便理性和理智面对神圣光明而失效，而止步于此大门之外，但爱的能力却希望再往前走，因为正如理解力一样，它也被[神和它自己的本性]邀请和强迫着，只是它[本来就]是盲目的，要欣享欢乐的；而欣享欢乐更多地处于品尝和感受中，而不是理解中。这就是为什么在理智止步之处，爱情还要前行的原因（b1308-1313）。

为什么爱这一官能的品尝与感受能够使精神穿越神圣光明的大门？因为它并不品尝-感受某种既有之物，而是品尝-感受着这种品尝-感受正以滞留-前摄的方式参与进去而产生的东西。爱所要求的欣享来自于前往迎接的饥饿，但唯有"一种绝不会被满足的永恒饥饿"（b1314）可以产生那盲目的、激烈得足以冲过门限的欣享。这种饥饿来自于一种深深的创伤、一种永恒的失败（b1318），以致"充分满足……却[总]告阙如"（b1324-1325）。这是时间本身的饥饿，它来自于时间绽出相（ecstases）的自身存在的永恒缺乏。时间性之动力性、生产性、单纯性以及稳定性，都与这种永恒的饥饿或永恒的阙如本质相关。

六、世代时间或永恒现在中的家庭关系

凭借着爱，永恒现在的时间性将自身显示为神圣层次上的世代关系。我们读到：

> 这圣父不停地生出他的儿子或圣子，但他自己却不出生；而圣子尽管出生，却不能生出［圣父］。因此，此圣父总是在永恒中不断拥有一个圣子，而圣子也总是在永恒中不断拥有一个圣父；这些就正是圣父与圣子，以及圣子与圣父的关系（b923-926）。

圣父生出他的圣子，但他自己却不出生；圣子尽管出生，但却不能生出。这是一种包含着世代时间性走向的世代关系——圣父作为

过去,圣子作为将来,圣父之拥有圣子(反之亦然)则作为当前。实际上,当前被理解为圣灵或圣父与圣子之间的爱的纽带。

  圣父与圣子的呼吸激出了一个圣灵,即圣父子的意愿或爱。此圣灵既不生出也不出生,而必须永远被呼吸激发出来,也就是从那两者中涌流而出。这三个位格是一位神和一位圣灵(b926-929)。

考虑到圣父-圣子的关系和所说之爱的时间性本质,三位一体——至少在吕斯布鲁克的文本中——可以被看作是一种适用于神圣世代的现象学时间的结构。在圣父与圣子之间,必定有时间性的爱和充满爱意的时间性。只要我们的本性悬挂在神中,我们也就经验到这种三位一体的原时间。吕斯布鲁克在另一本书中写道:"圣约翰这样说:'任何受造物都曾是神中的生命。'因为我们在未现身和未出生时就生活在我们的来源[过去]之中,就是说,生活在我们天父的果实累累的本性之中;在圣子中我们被生出[将来]、被认识,被从所有的永恒中拣选出来;在圣灵的向外喷涌[现在]中,我们是永恒的被爱。"(*The Seven Enclosures*①,587-591)

我们永恒的生命存在于与三位一体的永恒时间或纯晕时间的相象之中:"这一[神的]本性是多产的,是处于位格之三位一体中的纯粹活动。这样,他就在我们中统治和生活,我们也在他之中生

---

  ① Jan van Ruusbroec:*The Seven Enclosure*,trans. Dr. H. Rolfson,intro. and ed. Dr. G. de Baere,*Opera Omnia 2: Vanden sevens Sloten*,Tielt:Lannoo,1989.

活……我们必须不停地在德性上和在与神的伟大的相象方面更新自己,因为我们不仅被造成神的形象而且也被造成与神相象"(*The Seven Enclosures*,596－601)。这解释了《精神的婚恋》为何在不同的层次上如此多地提及和展示三位一体;在《精神的婚恋》中,爱与时间在一种"永恒的"或"多重单纯的"运用中,作为一道源泉以诸种或明或暗的方式发挥作用。

而且,三位一体以及它的时间也并不单纯是超越意义上神圣的,因为圣子也拥有人性,曾由一位人类的母亲娩出。吕斯布鲁克阐述道:

> 第一种[谦卑]是:他[基督]愿意成为人,取得了人性,而这人性是已经被放逐、被诅咒到地狱之深的;他愿意按照他的人格性(persoenlijcheit,personality)而成为具有这种本性的人,以至于每个人,不管坏人还是好人,都可以说:基督,神的儿子,是我的兄弟。第二种谦卑是就其神圣性而言,指的是:基督选择了一位贫穷的处女而不是国王的女儿来做他的母亲,以至于这贫穷的处女成为了神的母亲,也就是天地和所有被造物之主的母亲(a195－201)。

因而,我们必须要考虑圣母在圣父与圣子之关系中或过去与将来之关系中的当前化的作用。母亲是一个纯粹的人和"一位贫穷的处女";通过把她的人性与神的神圣性相结合,她生出了圣子基督。"马利亚却是活着的天堂。她找到了亚当失去的恩惠,而且还要多得多,因为她是爱的母亲"(b2061－2062)。这种母爱尽管是属人的,但却并不比圣灵之爱低。相反,如果没有它,圣父与圣子之间充满爱意的纽带或圣灵本身,就会不可能,因为圣子是通过母亲的、身体化了的爱才获得他的身体、他的人性与人的爱的官能。由于其身体与人性,我们可以把基督称为我们的兄弟;通过它们,我们得以感受与品尝他那朝向我们的活生生的爱。

> 我们应该观想和注视,基督如何以热爱的深情、巨大的愿力和身体的渴望,通过进入我们身体本性的衷心流注,而趋向我们;这是因为他给予了我们他从我们的人性那里接受到的东西,也就是血与肉,以及他的身体本性。我们也应该观想并注视这个珍贵的身体,它完全是为了这爱和忠诚,为了我们的缘故而被折磨、刺穿和伤害(b1158-1163)。

这"珍贵的身体"是为了这爱和忠诚、为了我们的缘故而受折磨、伤害并死去,所以一个神秘体验者必须要让那没有爱意、缺乏迷狂的知觉、理智和意愿死去;但是那身体又在三天后复活了,并且基督对他的门徒们说:"你们看我的手、我的脚,就知道实在是我了。摸我看看,魂无骨无肉,你们看,我是有的"(《路加福音》24:39)。[①]于是神秘体验者就必须从一个新的角度、亦即活生生的爱和内在时间的角度出发去"观想和注视这珍贵的身体"。

由于这些原因,基督就是一个实在的人之子,"所有人类的儿子中最美好、最仁慈和最可爱者"(b1180-1181);而我们的人性

---

① 译文引自《圣经》和合本。

是如此的富于生产性,以至于"在每个新的现在中,神在我们里边出生"(b1528)。尽管如以上引文中吕斯布鲁克曾说过的那样:当"圣父不停地生出他的儿子或圣子"(b923)时"他自己却不出生"(b924),但是根据圣母、身体化的圣子以及我们的人性,神却在我们里边出生!这是因为我们已经把我们的身体与心灵从客观时间转移到了一个以绽出的方式发生着的时间中,这种时间把"永恒的现在"作为它的时间晕圈。因为这种崭新的理解,我们似乎就不应当分开道成肉身的"之前"和"以后",以致拒绝了圣母在神圣性本身中的实存,毋宁应当让这"之前"和"以后"被拖入爱的"当前"中,以便形成一个真正的、活生生的永恒的现在。

七、结语

根据胡塞尔,时间可以被区分为客观时间和现象学时间。后者的起源是一个由原印象、滞留和前摄组成的三维结构,原印象、滞留和前摄本质上相互依赖,并因此形成一个生产性的统一体或时间晕圈。时间晕圈不仅构造出时间客体,而且还构造出时间河流的连续性,我们的回忆正是在时间河流中变得可能。

吕斯布鲁克《精神的婚恋》中所谓无时间的"永恒的现在",可以被比作现象学视域中的时间晕圈。它还没有堕落为非原本的过去与将来——苟延于回忆和计划式的期待里——之间的那个现在。不过,它包含着时间性的三重绽出——如海德格尔称呼它们的那样——的多样性。所以它既是单纯的(相对于客观时间和本真的时间晕圈之外的时间行为而言),又是多样的(相对于形而上学中超越的、抽象的实体而言)。而"永恒的"恰恰意味着摆脱了可对象化的存在者的统治,无论这些存在者是感觉、印象、思想还是意愿与行动。

这一永恒的现在的首要功能和显示就是爱,实际上是一种永远无法满足的渴求着的、饥饿的爱。在真正的爱中,无论是爱者还是所爱者都没有其自己的存在,而是必定永恒地"自在自为地出离自身"。由爱引起的持续的欣享与痛苦,使得神秘体验经验就像时间晕圈中的绽出一样是站出的(出神的、迷狂的)。对于一个基督教的神秘体验者来说,所爱者就是基督,但是爱的绽出本质烧毁了二者之间的区分,并证明它自身就是那(带有三道意识水流)的泉源,即我们与神之间的本质性的、超自然的统一之泉源。

"爱"或中世纪荷兰语中的"minne"有"记忆"的意思,这一点也许并不为吕斯布鲁克明确地意识到,但是仍在《精神的婚恋》一书中留下蛛丝马迹。他把记忆视为在我们更高官能里的基督来临中的第一道水流,它与同一来临中的使充满爱意的意愿得以可能的第三道水流有内在关联。他更强调记忆的单纯性而非多样性,这一点表明这种记忆是第一性的原记忆,它使爱的时间晕圈得以可能。因此,**再现性**的理解与理性止步之处,就是**正呈现着的**爱前行之时。

根据这爱,永恒现在的时间性将自身显示为既是在神的层面上也是在人的层面上的世代与家庭关系。三位一体的时间观迫使我们进而观想基督的人性,而这反过来又揭示出他的母亲的角色是不可或缺的。马利亚不仅是圣子的母亲,而且也是爱的母亲。正是通过母爱,永恒的现在具体化为时间的发生。

朱刚译,张祥龙校

图书在版编目(CIP)数据

精神的婚恋/(比)J.V.吕斯布鲁克著;张祥龙译.—北京:商务印书馆,2022
(张祥龙文集;第16卷)
ISBN 978-7-100-20870-3

Ⅰ.①精… Ⅱ.①J…②张… Ⅲ.①基督教—研究 Ⅳ.①B978

中国版本图书馆 CIP 数据核字(2022)第 045090 号

权利保留,侵权必究。

张祥龙文集
第 16 卷
精神的婚恋
〔比〕J.V.吕斯布鲁克 著
张祥龙 译

商务印书馆出版
(北京王府井大街36号 邮政编码100710)
商务印书馆发行
北京中科印刷有限公司印刷
ISBN 978-7-100-20870-3

2022年7月第1版　　开本 710×1000 1/16
2022年7月北京第1次印刷　　印张 17
定价:78.00元

张祥龙文集

第 1 卷　海德格尔思想与中国天道
第 2 卷　海德格尔传
第 3 卷　从现象学到孔夫子
第 4 卷　现象学导论七讲
第 5 卷　西方哲学史讲演录（上卷）
第 6 卷　西方哲学史讲演录（下卷）
第 7 卷　儒家哲学史讲演录（卷一）——孔子的现象学阐释九讲
第 8 卷　儒家哲学史讲演录（卷二）——从《春秋》到荀子
第 9 卷　儒家哲学史讲演录（卷三）——拒秦兴汉和应对佛教的儒家哲学
第 10 卷　儒家哲学史讲演录（卷四）——儒家心学及其意识依据
第 11 卷　儒家现象学研究——全球化中的中国古代哲理
第 12 卷　儒家现象学研究——儒家再临的蕴意与道路
第 13 卷　家与孝——从现象学视野看
第 14 卷　中德哲学浅释
第 15 卷　摸索仁道——随笔集
第 16 卷　精神的婚恋